台海出版社

图书在版编目（CIP）数据

趣说中国史 / 趣哥著 . -- 北京：台海出版社，2020.11
ISBN 978-7-5168-2762-8

Ⅰ.①趣… Ⅱ.①趣… Ⅲ.①中国历史—通俗读物 Ⅳ.① K209

中国版本图书馆 CIP 数据核字 (2020) 第 181009 号

趣说中国史

著　　者：趣　哥

出 版 人：蔡　旭　　　　　　　封面设计：异一设计
责任编辑：徐　玥

出版发行：台海出版社
地　　址：北京市东城区景山东街 20 号　　邮政编码：100009
电　　话：010-64041652（发行，邮购）
传　　真：010-84045799（总编室）
网　　址：www.taimeng.org.cn/thcbs/default.htm
E - mail：thcbs@126.com

经　　销：全国各地新华书店
印　　刷：旭辉印务（天津）有限公司
本书如有破损、缺页、装订错误，请与本社联系调换

开　　本：880 毫米 ×1230 毫米　　　1/32
字　　数：200 千字　　　　　　　　印　　张：9.5
版　　次：2020 年 11 月第 1 版　　　印　　次：2020 年 11 月第 1 次印刷
书　　号：ISBN 978-7-5168-2762-8

定　　价：49.80 元

版权所有　　翻印必究

目　录

第1集	始建群	1
第2集	抢红包	17
第3集	五代十国	42
第4集	蒙古铁骑	65
第5集	原来你是这样的男团	85
第6集	秦始皇归来	106
第7集	怎么变成吐槽大会了	124

第8集	最怕吃货有文化	146
第9集	管理员之争	164
第10集	复仇者联盟	185
第11集	史上最牛亲戚	219
第12集	"大V"云集的时代	250
第13集	为老板"打call"的武将	271

第1集
始建群

　　从秦始皇开始，到清朝最后一任皇帝溥仪，在2000多年的时间里，中国总共出现了422位皇帝。

　　那么，一个脑洞大开的问题来了。如果把422位皇帝全部拉入一个微信群，他们会聊些什么呢？

　　大家来感受一下他们的聊天画面。

< 宇宙第一群(422)　　　　　　　···

嬴政
我的天,我大秦已经有421代皇帝了吗?

刘邦
大哥,你先看看姓氏再发言啊!

嬴政
你是?

刘邦
我是沛县的刘季,本来是一个小亭长,后来"大风起兮云飞扬",我创立了大汉。

嬴政
我大秦传了几代?

刘彻
只有两代。

刘彻
胡亥矫诏抢了扶苏的位置,结果三年就把秦朝祸祸完了。

第1集 始建群

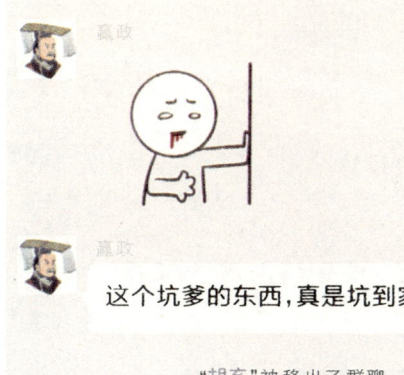

"胡亥"被移出了群聊

―――― 涉及的知识点 ――――

◎ 秦始皇嬴政，是中国历史上第一位皇帝，也是宇宙第一群的群主。

◎ 汉高祖刘邦，是汉朝的开国皇帝，年龄只比秦始皇小3岁，虽然他们是秦和汉的开国皇帝，但他们是真正的同时代的人。

◎ 扶苏本来是秦始皇的继承人，因为直言犯谏，被始皇帝派到北部边境修筑长城。始皇死后，胡亥和赵高矫诏逼死扶苏，并把三十几个兄弟姐妹全杀了（真实的历史好残酷）。

胡亥被移出了群聊，群人数变成421。

胡亥刚进群就被踢出群，传说中的活不过一集。

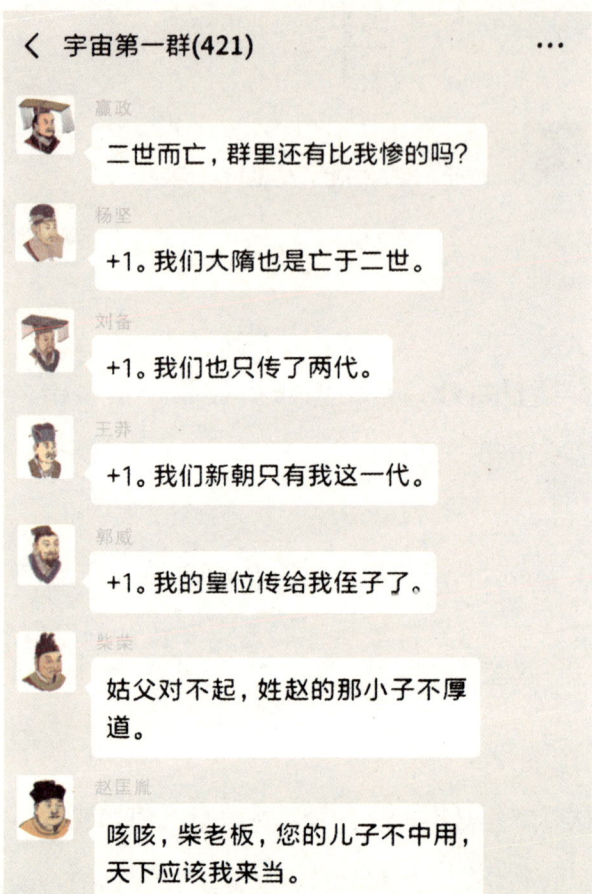

赵光义
大哥,您说得非常对。那什么,您儿子我家大侄儿,也不中用,然后我也自己来了。

李世民
支持赵光义,反对嫡长子继承制。

朱棣Judy
支持赵光义,反对嫡长子继承制。

刘备
楼上洋气,还有英文名!

赵匡胤
不愧是出过洋的王朝,优秀。

王莽
怎么听起来是女孩子的名字?

朱棣Judy
我不和低情商的人说话!@王莽

涉及的知识点

◎ 隋朝传两代:隋文帝杨坚,隋炀帝杨广。

◎ 蜀汉传两代:刘备,刘禅。

◎王莽篡西汉，建立了新朝，然后被刘秀灭了，刘秀建立了东汉。

◎接下来是接力模式，郭威把皇位传给了侄子柴荣，柴荣把皇位再传给儿子柴宗训，柴宗训不给力，于是赵匡胤被属下黄袍加身，建立了宋朝。赵匡胤之后，他的弟弟赵光义继承了皇位（这一段操作真是令人眼花缭乱）。

◎李世民和朱棣都不是嫡长子继承，所以在群里反对嫡长子继承制。

◎郑和下西洋是朱棣时期的事情，所以朱棣王朝又是出过洋的王朝。

第1集　始建群

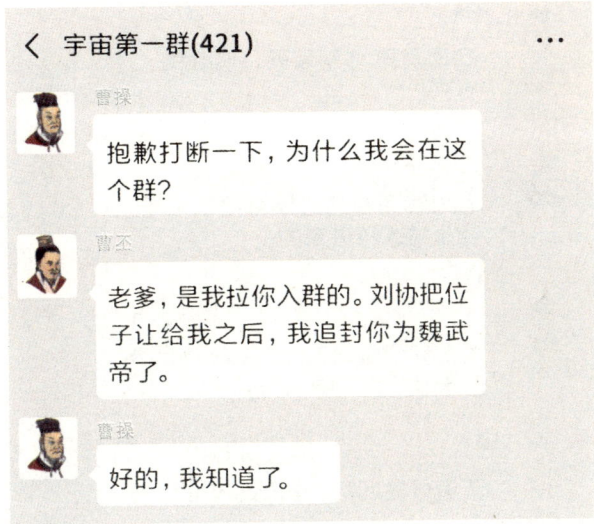

---涉及的知识点---

◎ 曹操最出名的事迹是挟天子以令诸侯，但是他活着的时候并没有称帝。曹丕让汉献帝刘协让位之后，曹操被追封为魏武帝。

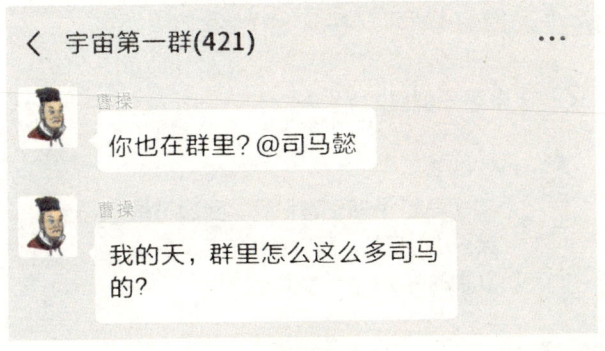

曹操
@司马懿 你别装死,你给我出来!

司马懿
老大我活着的时候可啥都没干,我是被人拉进来的……

曹操
我信你个鬼,你这糟老头子,果然坏的很。

刘协
天道好轮回啊,苍天饶过谁!

---- 涉及的知识点 ----

◎ 曹操的操作手法和司马懿的几乎是一样的,他们活着的时候都没有称帝。汉献帝刘协让位给了曹魏,然后曹魏又让位给了司马炎。所以说"天道好轮回,苍天饶过谁"……

< 宇宙第一群(421)

司马炎
@司马懿 爷爷别害怕啊,我们可是大一统的王朝,而且是我结束了汉末以来的分裂哟!

第1集 始建群

曹丕
是谁在狂妄地吹牛，好刺耳啊！

杨坚
那个……我说晋朝是所有朝代里最乱的，没人反对吧？

嬴政
+1

刘邦
+1

曹操
+1

刘备
+1

李世民
+1

赵匡胤
+1

朱元璋
+1

玄烨
+10086

司马衷
@杨坚 我劝你喝点肉粥！

杨广
作为群里IQ最低的人，请不要说话，OK？

涉及的知识点

◎ 晋武帝司马炎（司马懿的孙子）统一了全国，结束了东汉末年三国分立的局面。

◎ 司马衷是著名的"弱智"皇帝，"何不食肉糜"是他的名言（翻译：为什么不喝点肉粥？）。

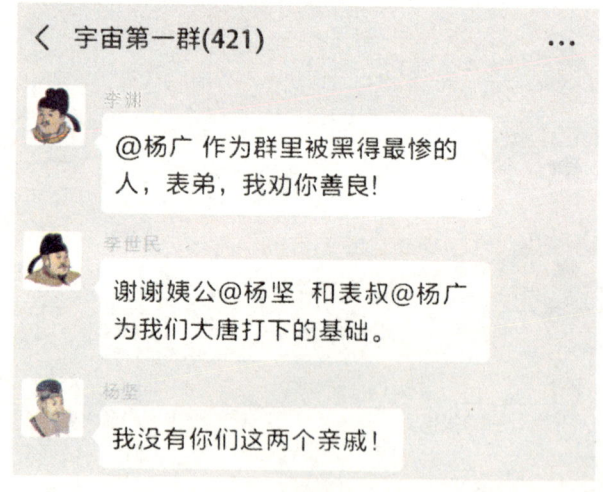

第1集 始建群

 武则天
老公~~

 李治
是公公……

 李世民
你是不是进错群了？ @武则天

 溥仪
太宗，没进错，她是群里唯一的女帝。

 李世民
这究竟是怎么回事？

 溥仪
你们的家事，还是你们家里人来说吧！

 李世民
李治，你给我解释一下！

 李治
老爸，后面的事情我也不知道……

 李隆基
曾祖父，容我用语音跟您解释一下。

涉及的知识点

◎ 隋朝和唐朝,是两个有亲戚关系的王朝。杨坚(隋朝创始人)是李渊(唐朝创始人)的姨父,李渊是杨广(杨坚的儿子)的表哥,杨广是李世民(李渊的儿子)的表叔,隋炀帝杨广以口碑不好著称。

◎ 武则天最初是李世民的嫔妃,后来成了李治的皇后,再后来就成了唯一的女皇了。

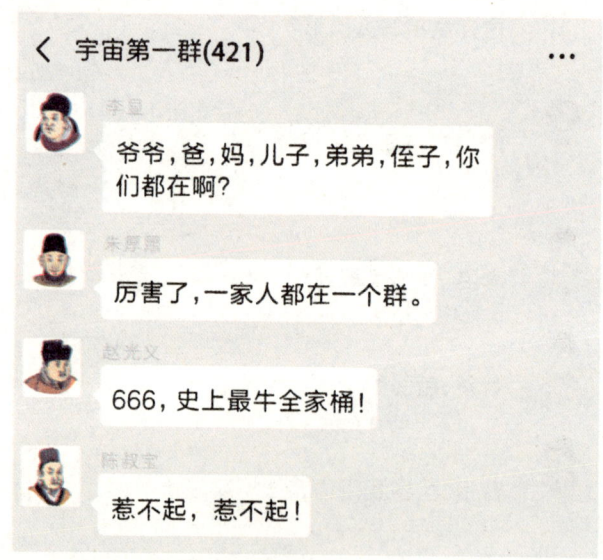

朱祁镇
无形装腔调最为致命!

司马衷
大佬喝碗肉粥。

刘禅
哈哈哈哈,笑死我了,这群里个个都是人才,说话又好听,超喜欢这里的,我都不想回蜀国了。

涉及的知识点

◎ 唐中宗李显,全家老小都是皇帝的家庭。爷爷:唐太宗李世民。爸爸:唐高宗李治。妈妈:一代女皇武则天。儿子:唐少帝李重茂。弟弟:唐睿宗李旦。侄子:唐玄宗李隆基。这阵容,堪称"六位帝皇丸"了。

◎ 刘禅是"乐不思蜀"这个成语的主角,蜀汉被魏灭了之后,刘禅到了魏国,司马昭问他思不思念蜀国,刘禅说:"此间乐,不思蜀。"

< 宇宙第一群(421)

朱允炆

实名羡慕楼上的"全家桶",不像我,群里只有我爷爷一个家人。

朱元璋

怎么了,允炆?

朱允炆

爷爷,我……

朱元璋

是谁欺负你了吗?

乾隆

还能有谁,他四叔呗,把他位置抢了。

嬴政

哈哈哈哈,@ 朱元璋 体会到我的心情了没?

朱元璋

朱棣,你出来解释一下!

第1集　始建群

朱棣 Judy
老爹，允炆下落不明，我也是迫不得已才继承皇位的。我还专门开了一档《允炆去哪儿》的节目，在全国范围寻找允炆呢！

杨坚
居然有人能把抢位子说得这么清新脱俗……

雍正
居然有人能把抢位子说得这么清新脱俗……

李世民
居然有人能把抢位子说得这么清新脱俗……

———— 涉及的知识点 ————

◎ 朱允炆是朱元璋的孙子，也是明朝的第二位皇帝。后来朱棣发动靖难之役，抢了朱允炆的皇位，然后朱允炆就下落不明了。

◎ 朱棣后来派人四处寻访朱允炆的踪迹，始终没有消息，郑和六下西洋的起因，据说也是到海外寻找朱允炆。

◎秦始皇定的继承人是扶苏，后来被胡亥抢了。朱元璋定的继承人是朱允炆，后来被朱棣抢了。所以在这一点上，他们的心情应该很相似。

◎朱棣是朱元璋的第四个儿子，是朱允炆的四叔。

特别感谢皇甫义、项羽对本集部分内容和创意提供支持！

第2集
抢红包

　　上一集中,胡亥败家惹怒嬴政,被踢出了群,所以现在群里的人数是421人。
　　一开始,刘邦在群里怂恿别人发红包,然后刘姓人士纷纷响应。

宇宙第一群(421)

刘邦
群里有人发红包吗？没有的话过会儿再来问一遍。

嬴政
楼上的来一个？

刘邦
还是群主先来吧……

刘彻
其他群的群主已经开始用大红包"羞辱"群成员了，而我们的群主到现在还没开始行动，正义的我如果被踢出群，希望其他有识之士能接力下去。

刘盈
其他群的群主已经开始用大红包"羞辱"群成员了，而我们的群主到现在还没开始行动，正义的我如果被踢出群，希望其他有识之士能接力下去。

刘恒
其他群的群主已经开始用大红包"羞辱"群成员了，而我们的群主到现在还没开始行动，正义的我如果被踢出群，希望其他有识之士能接力下去。

―――― **涉及的知识点** ――――

上面和下面两张截图中,起哄的几位刘姓人士关系图。

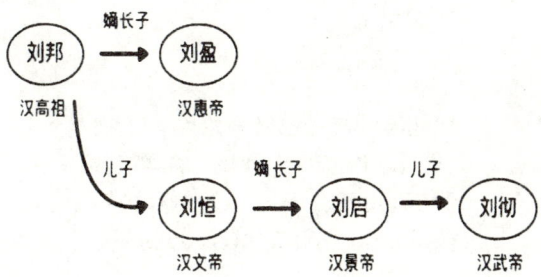

刘氏子弟人数众多,很快把排面带动起来了。

< 　　　　宇宙第一群(421)　　　　···

 刘启

> 其他群的群主已经开始用大红包"羞辱"群成员了,而我们的群主到现在还没开始行动,正义的我如果被踢出群,希望其他有识之士能接力下去。

刘备

其他群的群主已经开始用大红包"羞辱"群成员了,而我们的群主到现在还没开始行动,正义的我如果被踢出群,希望其他有识之士能接力下去。

刘协

其他群的群主已经开始用大红包"羞辱"群成员了,而我们的群主到现在还没开始行动,正义的我如果被踢出群,希望其他有识之士能接力下去。

杨坚

国祚绵长就是好啊,拱红包都这么有排面。

王莽

羡慕嫉妒恨!

涉及的知识点

◎ 汉朝国祚绵长,累计起来有400多年。汉族(汉人)这个名称,就是来自汉朝。很多现代中国人的性格特征,有时在汉朝的人物中也能找到痕迹。由此可见，汉朝的影响力巨大。

◎ 公元前202年，刘邦建立西汉，到西汉最后一任皇帝刘婴，共210年。公元8年，王莽篡汉建立新朝，结果只存在了15年（比现在很多公司的寿命还短）。

西汉集团有限公司

📞 通信基本靠吼　　　　✉ 飞鸽传书或快马加鞭
👥 6300万　　　　　　　🏠 609万平方千米

基本信息

注册人	刘邦
董事长	刘邦、刘恒、刘启、刘彻、刘询等
成立时间	公元前202年
公司住所	大汉长安城未央宫
营业期限	公元前202年—公元8年（共210年）
经营范围	你所想到的都有

变更记录

● **名称变更**
公元8年

变更前	变更后
西汉集团有限公司	新朝集团有限公司

● **所有人变更**

公元8年

变更前	变更后
刘婴（汉孺子）	王莽

○ 公元25年，刘秀从众多竞争者中胜出，建立东汉。到最后一任皇帝刘协，东汉总共存活195年。然后就进入"东汉末年分三国，烽火连天不休"的三国时代了……

东汉集团有限公司

📞 空 ✉ 飞鸽传书或快马加鞭
👤 6500万 🏠 580万平方千米

基本信息

注册人	刘秀
董事长	刘秀、刘庄、刘炟、刘肇、刘隆等
成立时间	25年

公司住所	大汉洛阳皇宫
营业期限	25年—220年（共195年）
经营范围	跟西汉一样

继续回到抢红包的话题。

那么，秦始皇会发一个什么样的红包呢？

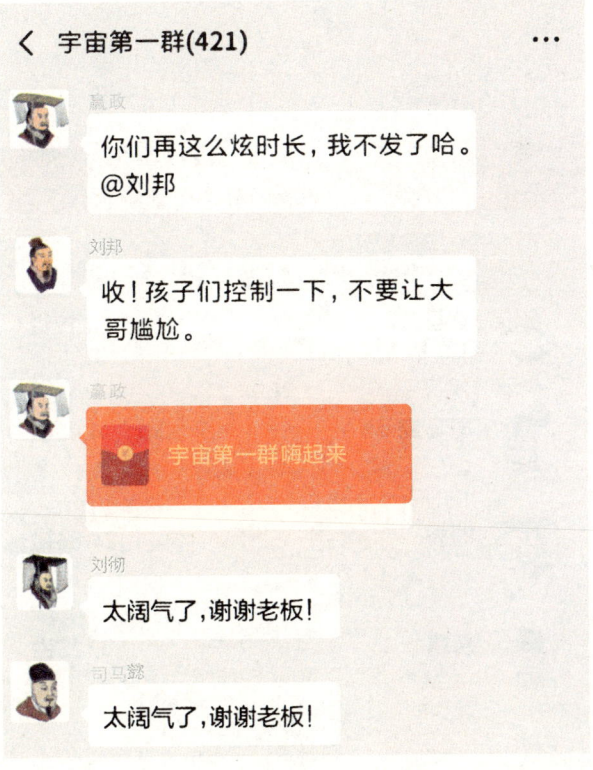

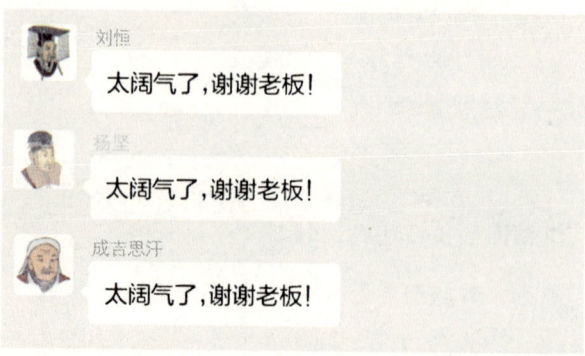

嬴政用他那个年代的货币发了一个超级大的红包。

红包记录

50个红包，9秒被抢光

李旦		14.19镒
19:06		
司马懿		4.06镒
19:06		
刘秀		24.86镒
19:06		
嘉靖		37.13镒
19:06		

第 2 集　抢红包

曹操　　　　　　　　　　26.94镒
19:06

刘协 　　　　　　　　　　51.76镒
19:06　　　　　　　　　　👑 手气最佳

刘备 　　　　　　　　　　32.15镒
19:06

万历 　　　　　　　　　　24.30镒
19:06

刘彻 　　　　　　　　　　48.47镒
19:06

———— 涉及的知识点 ————

◎ 秦始皇统一中国以后，也统一了货币。他规定黄金为上币，单位为"镒"（合20两）；铜为下币，单位为"半两"，形状是方孔圆钱。方孔圆钱这种货币形制一直被沿用了2000多年。看过古装剧的同学，肯定对方孔圆钱这种货币不陌生。

◎ 一镒约等于20两黄金，汉代一两是15.6克。黄金的价格是好几百一克。所以，秦始皇的红包真的好……大！这样的霸气完全符合他的人设啊！

所以，群里成员瞬间就嗨了……

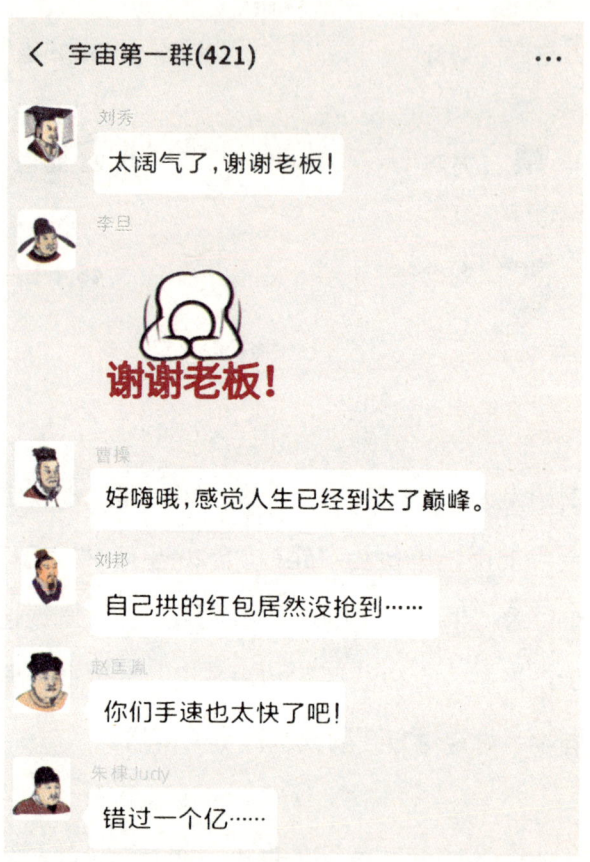

赵佶
@李旦 旦总,我很喜欢看你的脱口秀!

李煜
喜欢 +1

刘禅
哈哈哈哈哈,这节目太逗了,乐得我快不行了……

嗨到高处的曹操,忍不住想喝酒。

< 宇宙第一群(421)　　　　　…

曹操
玄德,啥时候咱们再煮酒论英雄?

刘备
可以的,操……

曹操
我的天,你怎么还骂人呢!

刘备
没有啊,操……

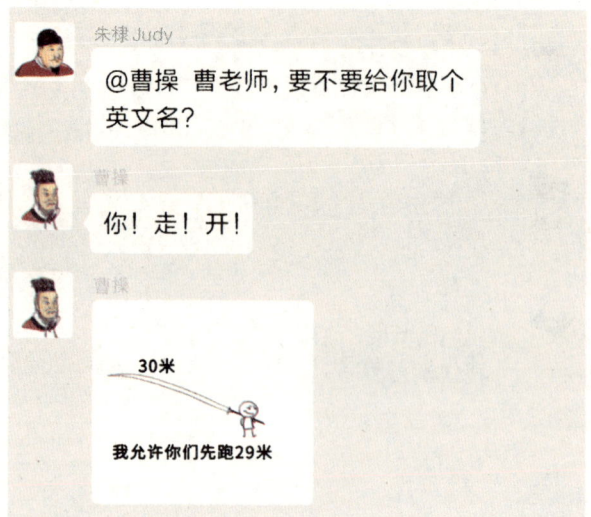

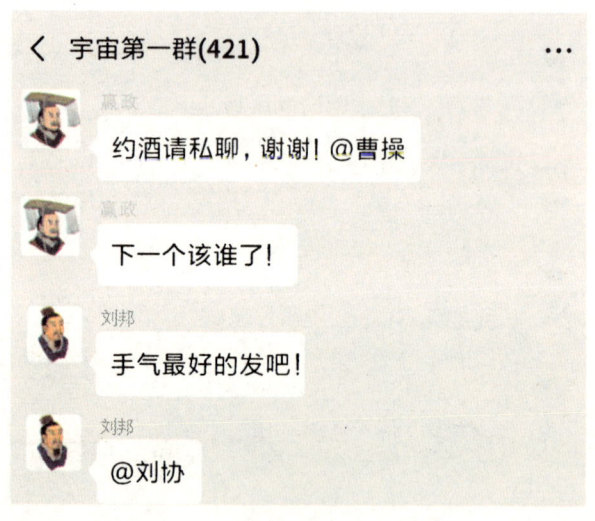

第 2 集 抢红包

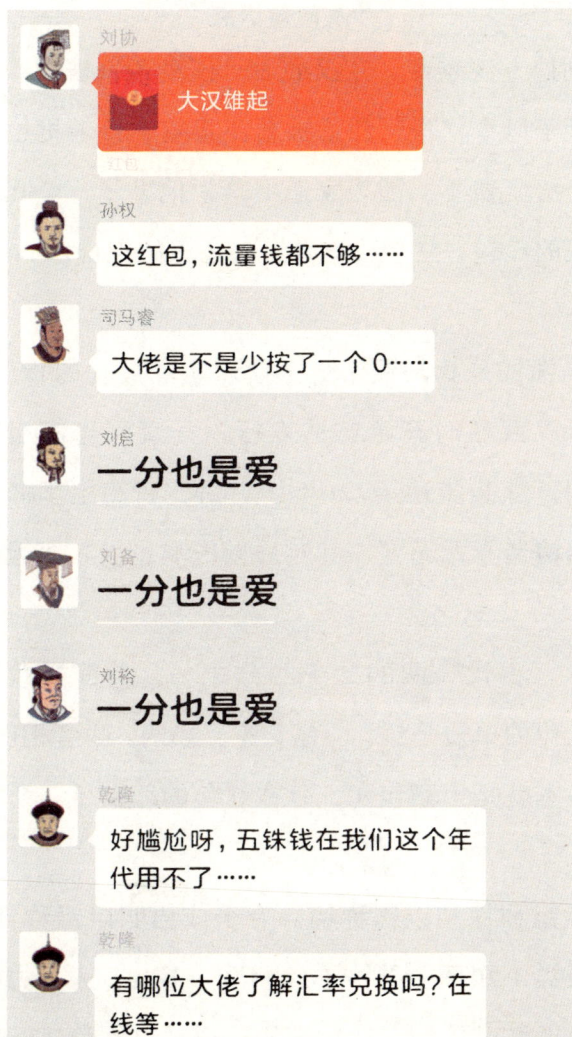

---- **涉及的知识点** ----

◎刘协：汉献帝，东汉最后一任皇帝，被曹操挟天子以令诸侯，然后被曹丕接管，接着把位子让给了曹丕。因为家道中落，他发了一个几分钱的红包，红包语饱含着对东汉的祝福。

◎五铢钱是我国钱币史上使用时间最长的货币，于汉武帝时开始铸造发行，一直到唐高祖时期，总共流通了720年。之后，唐高祖李渊开始铸造开元通宝，其对后世影响也极其深远。

◎铢，古代一两的二十四分之一。前面嬴政发红包的单位是镒。一镒，等于20两。两者相比，基本就是土豪包和一分钱红包的差别了。

◎以镒称铢和以铢称镒。有个成语叫以镒称铢，用镒（20两）同铢（1/24两）相比，表示力量处于绝对优势。反过来的成语是以铢称镒，表示力量处于绝对劣势。

◎ 锱铢必较。锱，是古代一两的四分之一，一锱等于6铢。锱和铢都是很小的重量单位，所以我们说一个人很小气，常说他锱铢必较。这个成语是不是很熟？

虽然刘协发的是小红包，下面的三位刘姓人士还是表示了理解，毕竟是自己人。

◎ 刘启，汉景帝。刘备，刘皇叔。刘裕，南朝宋武帝，是刘邦弟弟刘交的后代。

刘协发了一个每人5铢钱的红包，自己也抢了一个。

已领取65/100个，共325/500铢

	刘协 19:08	5 铢
	司马睿 19:08	5 铢
	刘启 19:08	5 铢
	嘉靖 19:08	5 铢
	秃发乌孤 19:08	5 铢
	朱温 19:08	5 铢

涉及的知识点

- 在查资料的时候,趣哥意外地发现了一个比较奇特的名字——秃发乌孤(复姓秃发)。秃发乌孤是十六国时期南凉的建立者,他之后的国君是秃发利鹿孤和秃发傉檀(共三任),也都是风格奇特的名字(不知道秃发家族发量怎么样)。

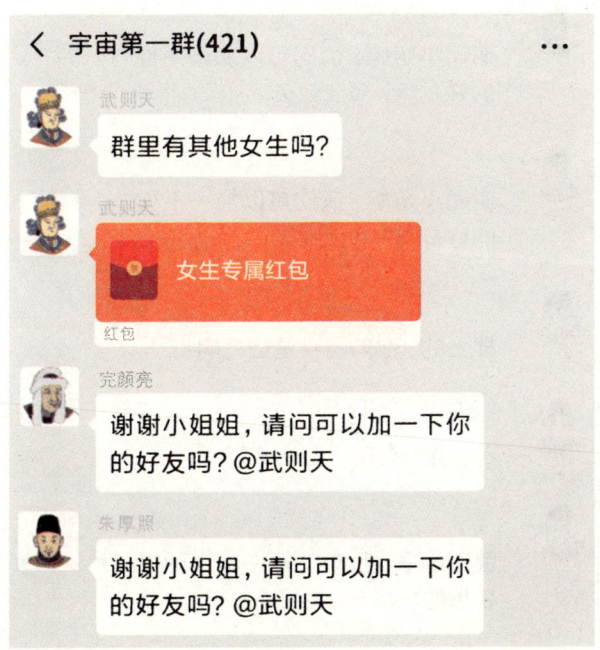

刘彻
@武则天 哈喽,这是未来的概念货币?

同治
谢谢小姐姐,请问可以加一下你的好友吗?@武则天

曹操
谢谢小姐姐,请问可以加一下你的好友吗?@武则天

高纬
谢谢小姐姐,请问可以加一下你的好友吗?@武则天

司马炎
谢谢小姐姐,请问可以加一下你的好友吗?@武则天

李治
楼上的,你们当我是空气啊!

朱厚照
小姐姐,有空一起出来玩啊!

司马炎
武小娘子,我有一辆许多人朝思暮想的羊车……

杨广
你们都别跟我争,自己长什么样没点儿数吗!

完颜亮
谁要跟我抢,我提兵百万灭了他!

朱厚照
@完颜亮 楼上太不自量力了吧,论实力你是第一个被淘汰的。

趣哥解说

一般群里发女生专属红包,抢的都是男生,宇宙第一群也是如此。

唐代的货币是开元通宝,对汉朝人来说,是未来的概念货币。

李治说完那句话之后,大家果然把他当"空气"了。

涉及的知识点

◎ 完颜亮、朱厚照、曹操、高纬、司马炎,都以好美色著称。

◎ 完颜亮，是金朝第四位皇帝，曾说过：无论亲疏，尽得天下美色而妻之（如果他有个性签名，应该会用这句话吧）。他同时也是一位大诗人，有一首诗很出名。

> **《题临安山水》**
> 万里车书一混同，江南岂有别疆封？
> 提兵百万西湖上，立马吴山第一峰！

◎ 这首诗的自恋成分比较高，因为还没有"提兵百万西湖上"，他就被金朝其他人缢杀了（自不量力的典型案例）。

◎ 高纬，南北朝时期北齐后主，有个妃子叫冯小怜，也是"玉体横陈"这个成语的主人公。

◎ 杨广，历史上相貌英俊的皇帝之一，曾对着镜子说："大好头颅，谁当斫之。"

◎ 晋武帝司马炎兼并三国之后，后宫的妃子数量有近万人，所以他晚上临幸哪个妃子成了令人头疼的一个问题。于是他想出一个方法，便是坐着羊车在宫里随意行走，羊车停哪里就宠幸哪位妃子。所以，这是一辆很多妃子梦寐以求的车子……

大家撩武则天，李治无法控场，直到唐太宗补完一觉醒来……

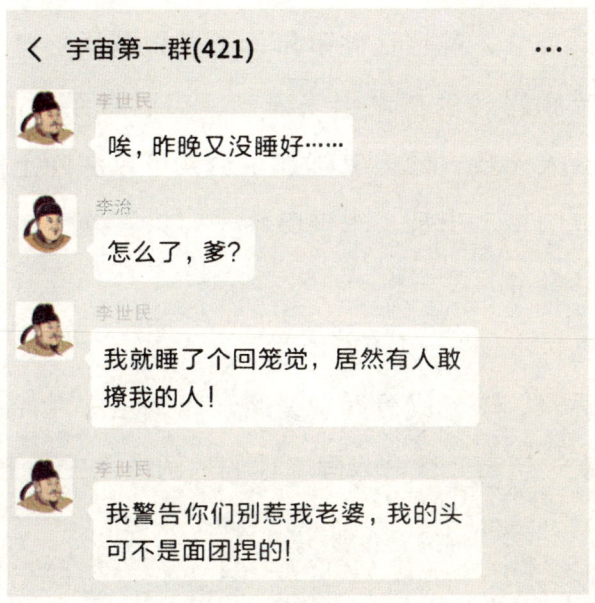

李治
我警告你们别惹我老婆，我的头可不是面团捏的！

李显
我警告你们别惹我老妈，我的头可不是面团捏的！

―――――― 涉及的知识点 ――――――

◎ 民间传说，李世民有一段时间晚上睡眠不好，睡觉时会听到各种鬼怪呼叫的声音。李世民很苦恼，就把这件事告诉了各位群臣。秦叔宝和尉迟敬德站出来表示，自己身经百战、杀人无数，什么鬼魅都不怕，可以在晚上守卫门口。于是，李世民终于可以在晚上睡个好觉了。

◎ 后来，李世民看两位爱将天天晚上守在门口太过辛苦，就命人画下他们的画像贴在门上，结果发现这样也能起到安神助眠的效果。

◎ 民间也沿袭了这种做法，睡觉前把秦叔宝和尉迟敬德的画像贴在门上。于是，秦叔宝和尉迟敬德慢慢地变成了民间流传最广的门神。

　　李世民出来控场之后，李治和李显也迅速跟帖，保持队列。

　　只有溥仪同学认真地回答了武则天的问题。不过，也只有他有资格回答这个问题。

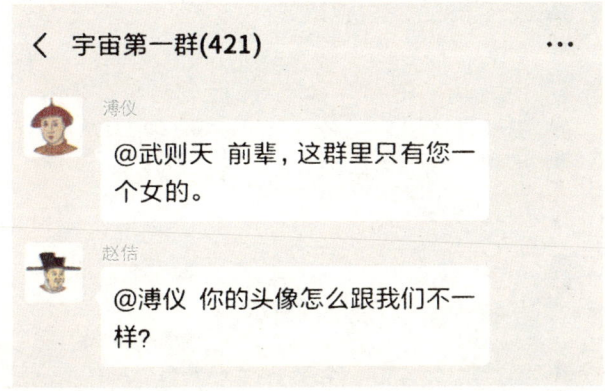

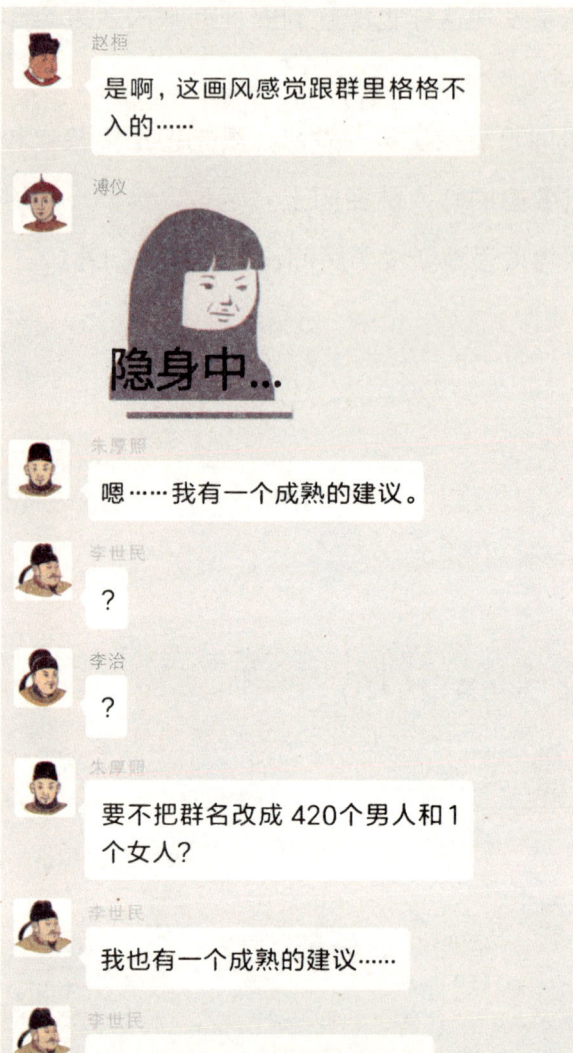

第 2 集　抢红包

 嬴政
@朱厚照 口头警告一次，谁改群名，就和胡亥一个下场！

 刘秀
哈哈哈，传说中活不过一集的男人……

 刘禅
一出场就被踢，哈哈哈哈哈哈哈哈哈哈哈哈哈……太好笑了，笑到倒地不起。

 刘备
整个群就数你笑得最大声！

 刘备
快起来！还要为父来扶你不成？！

阿斗，是真的扶不起，还是大智若愚呢？

第3集
五代十国

> 五代十国时期的皇帝们,也爱凑热闹。

宇宙第一群(421)

赵构

群里有金国人吗？有的话我先退群了哈，待会还要赶路……

赵佶

儿子，啥时候接老爸回家？北方好冷啊……

赵桓

九弟，啥时候接大哥回家？北方好冷啊……

李煜

雕栏玉砌应犹在，只是朱颜改。问君能有几多愁，恰似一江春水向东流。

李煜

@赵佶 @赵桓 体会到我的心情了没？

刘继元

@赵佶 @赵桓 体会到我的心情了没？

孟昶

@赵佶 @赵桓 体会到我的心情了没？

赵佶
@赵构 儿子,你别装死啊!

李煜
天道好轮回,苍天饶过谁……

钱弘俶
天道好轮回,苍天饶过谁……

涉及的知识点

○ 北宋靖康二年,金国人攻占了北宋首都,掳走了徽钦二帝和皇室后宫文武大臣3000多人(真的是狠)。赵构因为宗泽劝阻侥幸避免了被俘的命运,也成为北宋唯一没有被俘的皇子。徽钦二帝被囚禁于五国城(现在的黑龙江省哈尔滨市依兰县附近)。

○ 金国人搜山检海捉赵构,赵构就不断地跑,后来一度在海上漂泊了几个月,最后在杭州才算真正站住脚。

○ 五代十国后期,南唐后主李煜、北汉国主刘继元、后蜀末代皇帝孟昶、吴越国王钱弘俶等也曾被俘到了北宋首都汴京（今河南开封），所以他们说"体会到我的心情了没""天道好轮回，苍天饶过谁"。

◎李煜和赵佶（宋徽宗），两个人都是十足的文艺青年，命运也有很多相似之处。李煜被俘后被赵匡胤封为违命侯，赵佶被俘后被金朝皇帝封为昏德公。

　　看到赵构在群里没有回应，赵佶就给他发了一条私信。

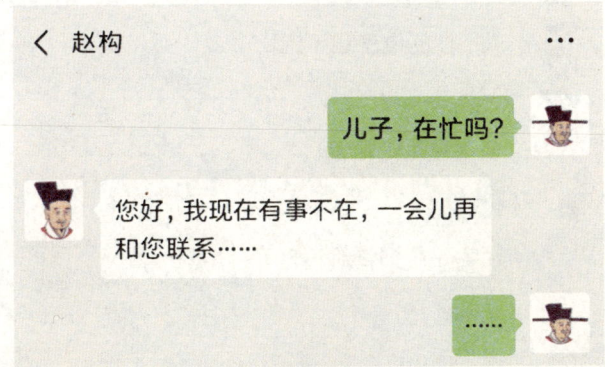

您好,我现在有事不在,一会儿再和您联系……

这里又不是QQ……

 您好,我现在有事不在,一会儿再和您联系……

〈 宇宙第一群(421)

 赵匡胤
@孟昶 花蕊夫人不错!

 赵光义
@李煜 小周后不错!

 赵光义
哥,你的位子也不错!

 李煜
楼上是绝命毒师!

 钱弘俶
楼上是绝命毒师!+1

赵匡胤
@赵光义 等一下,为什么群里没有我的儿子?德昭和德芳呢?

赵光义
大哥,你听我解释,我本来是想传给德昭的,可是……

赵构
可是因为太太……太爷爷一句气话,德昭自杀了。

赵光义
好你个赵构,不光坑爹,还坑祖宗啊!

赵匡胤
好你个赵光义,不光坑哥,还坑妈啊!金匮之盟你忘了吗?

赵匡胤
信不信我一个长拳锤你的胸口!

赵眘
太太……太爷爷息怒,最后赵构爸爸又把皇位传给我了,后面的皇帝都是您的子孙后代。

赵匡胤
哼,天道好轮回,苍天饶过谁!

──── **涉及的知识点** ────

◎ 唐朝灭亡之后，进入五代十国时期。五代十国是出美女的一个时期，比如花蕊夫人、大周后、小周后都出自这个时期。中国历史上有好几位花蕊夫人，都出现在五代十国时期。本文中的花蕊夫人是后蜀末代皇帝孟昶的宠妃。她不仅是一位风华绝代的美女，还是一位女诗人。她有一首诗很出名：

> 君王城上竖降旗，妾在深宫哪得知？
> 十四万人齐解甲，更无一个是男儿。

后蜀灭亡后，花蕊夫人被赵匡胤召入宫中。

◎ 大周后和小周后是姐妹，她们俩都是南唐后主李煜的国后。南唐灭亡之后，小周后和李煜被俘到了北宋东京。

◎ 李煜和钱弘俶都是死于自己生日那天，有传闻说他们都是被赵光义毒死的。李煜生于七夕，死于七夕；钱弘俶死于自己六十大寿那天。

◎ 据记载，赵匡胤母亲病重的时候和赵匡胤约定皇位先传给弟弟，弟弟再传给哥哥的儿子。这个约定放在金匮（柜）之中，因此叫"金匮之盟"。

◎ 赵匡胤的几个儿子死得早，赵德昭因为受到赵光义的训斥，自杀而死。

◎ 北宋的皇帝，除了赵匡胤，其余都是赵光义的后代。后来赵构没有儿子，把位子传给了赵匡胤的后代赵昚（也是赵构养子）。所以，南宋的皇帝，除了赵构，其余都是赵匡胤的后代。

◎ 赵匡胤也是一位武术家，对后世拳法影响深远，其独创的太祖长拳和太祖盘龙棍流传至今。

宇宙第一群(420)

完颜阿骨打
我们大金后来怎么样了?

武则天
楼上的名字好萌!

完颜吴乞买
托二哥的福,我后来灭了北宋,把北宋皇室全都打包带回来了,可惜漏了一个赵构。

"赵构"退出了群聊

完颜吴乞买
不知道我后面的人有没有灭掉南宋?

赵昀
想得美,我和蒙古联合灭掉了金国,你们也搭进去两个皇帝。

赵佶
这个事情,我只能说:天道好轮回,苍天饶过谁……

―――― **涉及的知识点** ――――

◎ 靖康之变107年后，南宋和蒙古联合灭掉了金国。只是，南宋后来也被蒙古所灭。灭国前金国最后两位皇帝，分别是完颜守绪和完颜承麟。

◎ 完颜阿骨打是金朝的创始人，完成了建国和破辽两件大事，把女真族带入了一个高峰。完颜阿骨打死后，他的弟弟完颜吴乞买继位，不仅彻底灭亡了辽国，还在1127年灭掉了北宋。这一年是北宋的靖康二年，所以被称为"靖康之耻"。在岳飞的《满江红》中，有一句"靖康耻，犹未雪。臣子恨，何时灭"，成为"最强弹幕"，在汉人心中刷屏。

◎ 俗话说：天道好轮回，苍天饶过谁。转眼之间靖康之变过去了107年，在1234年（很好记的年份），南宋和蒙古联合灭掉了金国。北宋灭亡的时候，搭进去了两位皇帝（宋徽宗和宋钦宗）。金国灭亡的时候，也搭进去了两位。

◎ 在地理位置上，金国处于南宋和蒙古中间。金国被灭之后，南宋失去了金国这个屏障，不得不直接面对更为强大的蒙古。经过几十年的抵抗，南宋最后被蒙古所灭。

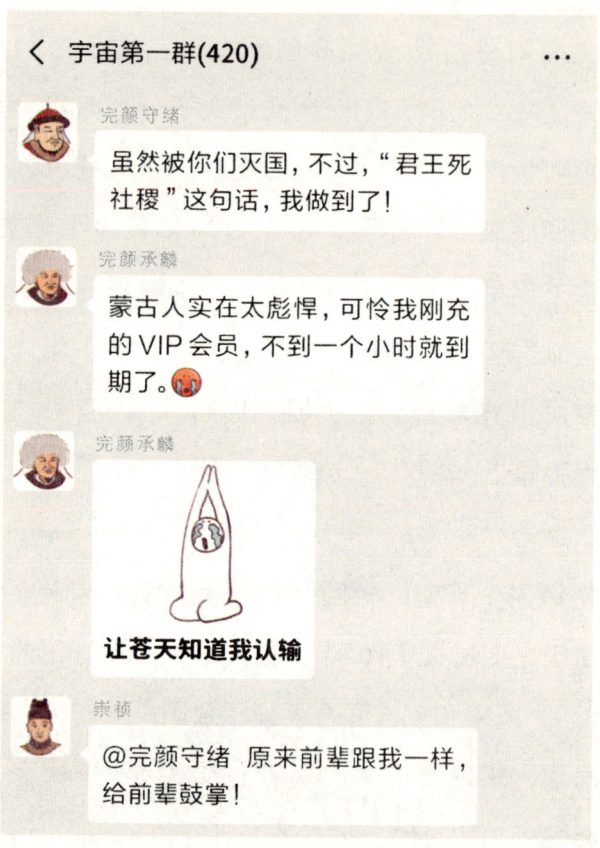

涉及的知识点

◎ 金国灭亡时搭进去的两位皇帝，是完颜守绪（金哀宗）和完颜承麟（金末帝）。金哀宗不想当亡国之君，就把位置禅让给了大将完颜承麟。完颜承麟一开始不肯接位，金哀宗苦苦哀求说自己身体肥胖，很难突出重围；完颜承麟是个将才，而且身手矫健，如果有幸逃出包围的话，还可以延续国祚。

◎ 于是，完颜承麟接受了禅让。就在举行继位仪式的时候，宋蒙联军已经破城而入了，金国的灭亡非常惨烈。金哀宗自杀，完颜承麟也死于乱军之中，不到两个小时的时间，两位皇帝双双殉国，在中外历史上几乎绝无仅有。完颜承麟成为史上在位时间最短的皇帝，也就是金末帝。据史学家估计，完颜承麟在位时间只有一两个小时。

◎ 有一句关于明朝的评语很出名——"天子守国门，君王死社稷"。这里的"君王死社稷"，指的是明朝的崇祯皇帝在煤山上自缢而死。其实早在410年前的金国，就有两位君王死于社稷——完颜守绪在传位给完颜承麟后自缢而死；410年之后，崇祯皇帝在歪脖子树上自缢而死。

◎ 完颜承麟是史上在位时间最短的皇帝，继位后只有一两个小时，便死于乱军之中。

> **宇宙第一群(420)**
>
> 李棁
> @完颜承麟 握个手，我们大唐到期的时候也搭进去两个皇帝。

李晔
@AAA朱温，你对得起你的名字吗？

 AAA朱温
我也想低调，可实力不允许啊……

 朱楼Judy
楼上的名字好别致啊……

 李存勖
呵呵，你的国还不是灭在我手上！@AAA朱温

 李嗣源
嘿嘿，三弟你看戏有点儿耽误工作，这个位子还是我来吧！

涉及的知识点

◎ 唐朝最后的两位皇帝是李晔（唐昭宗）和李柷（唐哀帝）。

◎ 朱温被赐名"全忠"，但其实是著名的墙头草行为艺术家。朱温一开始参加黄巢起义，后来投降于唐朝便反过来打黄巢，因为打得给力被

唐僖宗赐名"全忠"。后来，朱全忠又灭掉了李晔和李柷，成为大唐终结者（建立后梁）。

◎ 唐末的时候有一个非常牛的男团——十三太保，创始人是李克用。这个男团不看重颜值，看重武力值，李克用依靠十三太保和朱温争霸多年，李存勖（儿子）和李嗣源（养子）都是十三太保成员。

◎ 李存勖（三太保）前期是战神人设，圆满完成了老父亲（李克用）定下的三个小目标，消灭了老父亲的劲敌后梁，建立后唐。就像高考之后的彻底放松，李存勖后期沉迷于娱乐，因戏误国，最终导致了兴教门之变。

◎ 之后，大太保李嗣源被推上位。

宇宙第一群(420)

石敬瑭
我爹在群里吗？

嬴政
这是谁家的孩子？快来认领一下！

李存勖
@李嗣源 叫你呢！

李嗣源
我是岳父，不是爹！

耶律德光
干儿子，你给的那块地爹很满意。就是我的干孙子不太听话，所以我亲自南下揍了他一顿。

李嗣源
@石敬瑭 畜生，你给了辽国一块什么地？！

李从珂
干爹，他把燕云十六州送给了辽国，然后联合辽兵把我们后唐灭了……

涉及的知识点

◎ 五代十国时期，各色人物令人眼花缭乱地登场，王朝更迭频繁。李嗣源和李从珂是后唐（五代之一）的皇帝，石敬瑭是后晋（五代之一）的创始人，李从珂（后唐末帝）是李嗣源的养子，石敬瑭是李嗣源的女婿。

◎ 石敬瑭的一个行为对后世王朝的负面影响非常大。他用燕云十六州换取辽国的援助，打败了李从珂，并建立了后晋。此后几百年间，中原王朝少了北部的屏障，北方的游牧民族南下中原如入无人之境，比如之后的宋朝就总是被北方王朝欺负。

- 石敬瑭虽然比耶律德光大了10岁，但他竟然叫耶律德光"爸爸"，自称"儿皇帝"，这一"神级操作"让他被后世各种语诟。

- 石重贵是石敬瑭的养子，虽然能力一般，但是比石敬瑭有骨气。按照辈分，石重贵叫耶律德光爷爷。但是他不肯向辽国称臣。于是耶律德光亲率大军南下，灭掉了后晋。灭掉后晋之后，耶律德光在中原没待多久，就激起了各地的反抗，于是他准备回到辽国。在北归的途中，耶律德光染病去世，为了在路上保存好尸体，耶律德光被做成了木乃伊（唯一一位木乃伊皇帝）。

〈 宇宙第一群(419)　　　　　…

 柴荣

出师未捷身先死，没收回燕云十六州是我的遗憾！

赵匡胤

没了这道屏障,北方骑兵进入中原如入无人之境。

赵佶

要是这块地在我们手里,我们大宋也不会老被人欺负……

李嗣源

强烈建议群主把这个东西踢出去!!!

柴荣

强烈建议群主把这个东西踢出去!!!

赵匡胤

强烈建议群主把这个东西踢出去!!!

赵佶

强烈建议群主把这个东西踢出去!!!

嬴政

滚 @石敬瑭

"石敬瑭"被移出了群聊

---- 涉及的知识点 ----

◎ 历史上有不少出师未捷身先死的人物，除了诸葛亮以外，柴荣也是让人扼腕叹息的一位。

◎ 柴荣是五代十国时期的猛人，他是五代最后一个朝代后周的雄主，曾经立下"十年开拓天下，十年养百姓，十年致太平"的小目标，并一度收回燕云十六州的部分地方。可惜天不假年，柴荣年仅38岁就英年早逝了。柴荣死后，赵匡胤同学在陈桥黄袍加身，实现了柴荣来不及完成的小目标。

柴荣之后，就是赵匡胤同学闪亮登场了……

宇宙第一群(419)

朱元璋
各位大佬息怒，燕云十六州在我手里总算收回来了，整整455年

李从珂
我的天，没想到这么久……

柴荣
大佬牛气！

钱弘俶
这么长时间，收收房租都能赚不少钱啊！

嬴政
小伙子干得不错！

李世民
手动点赞！

涉及的知识点

◎ 洪武元年（1368年），朱元璋派徐达、常遇春攻克大都，燕云十六州重新纳入中原王朝的范围，前后历经整整455年……

题外话

　　这篇文章主要讲的是唐末五代十国到宋朝的历史时期，这可能是很多人不太熟悉的一个阶段。趣哥按照时间顺序给大家梳理一下人物关系：

　　①首先是唐朝末年的两个皇帝，分别是李晔（唐昭宗）和李柷（唐哀帝）。

　　②朱温杀掉两个皇帝之后，建立五代第一个国家——后梁，从此五代十国开始。

　　③李存勖继而灭掉后梁建立后唐（五代第二个国家），然而李存勖沉迷看戏，工作失误导致兵变，李嗣源被大家推上位。

　　④然后，石敬瑭用一块地换取了辽国大军的支持，杀掉后唐末帝李从珂，建立后晋（五代第三个国家），后晋在石重贵手上又被辽国所灭。

　　⑤后晋灭亡后，中原空虚，刘知远抓住时机建立后汉（五代第四个国家）。

　　⑥后汉猜忌郭威，郭威没办法，杀掉后汉皇帝建立了后周（五代第五个国家），然后郭威传位给了养子柴荣。柴荣的儿子不给力，赵匡胤在陈桥黄袍加身，

建立北宋，结束五代十国时期。

⑦五代是指唐灭亡以后依次定都于中原的五个朝代，就是前面说的后梁、后唐、后晋、后汉和后周。十国主要是指当时南方的一些封建割据政权（北汉在北边），比如在文章中出现的南唐（后主李煜）、北汉（皇帝是刘继元）、后蜀（皇帝是孟昶）、吴越国（皇帝是钱弘俶）等。

五代十国时期比较混乱，不知这样讲大家理解了吗？

第4集
蒙古铁骑

第3集中,赵构退出群聊,石敬瑭被移出群。
在这一集的开始,成吉思汗上来就逗了一下能……

< 宇宙第一群(419) ···

成吉思汗
抱歉打断一下,想问问有没有世界级的群?

成吉思汗
恺撒他们在哪个群,有没有大佬拉一下?

朱元璋
是谁在逞能?好刺眼!

朱棣 Judy
这都已经是宇宙群了,楼上怎么还想进世界群?!

蒙哥
群里果然人才济济,各位在我这里完全可以当一个省长。

蒙哥
对了,四弟,一定要帮我消灭南宋!@忽必烈

涉及的知识点

◎从成吉思汗统一蒙古各部开始,蒙古铁骑所向披靡,横扫欧亚大陆。经过成吉思汗及其后代的努力,蒙古帝国巅峰时期的疆域超过3000

万平方千米。

◎ 蒙哥和忽必烈是成吉思汗的孙子，蒙哥在位时亲率大军攻打南宋，然后在前线去世。蒙哥的突然去世对世界产生了巨大的影响，因为没有立继承人，正准备向非洲挺进的蒙古大军紧急回撤，忽必烈与弟弟阿里不哥开始长达4年的汗位之争，最终导致蒙古帝国分裂为4个汗国和元朝（4个汗国是：钦察汗国、察合台汗国、窝阔台汗国、伊利汗国）。

〈 宇宙第一群(419)

忽必烈
大哥，南宋最后打下来了。崖山之战，真是惨烈呀……

赵㬎
你欺负小朋友！

赵昺
欺负小朋友！+1

赵昺
欺负小朋友！+1

溥仪
蒙古铁骑在陆地上确实无敌，跨海作战就……

忽必烈
唉，蓝天白云，晴空万里，突然暴风雨……

忽必烈
只怪当时没有天气预报。

涉及的知识点

◎ 崖山海战很惨烈，陆秀夫背着小皇帝赵昺投海自尽，10万人跳海殉国。

◎ 宋末三少帝分别是赵㬎、赵昰（shì）、赵昺（bǐng），三少帝在位的时候都是几岁大的小朋友。

◎ 三少帝中，赵㬎的经历可以说是非常传奇。元军攻破临安城后，赵㬎被俘到了元大都。然后……娶了一位元朝公主。之后赵㬎去西藏出家，成为佛门高僧。可惜最后，因为身份特殊还是被赐死了（活了50多岁）。

◎ 忽必烈建立元朝后，曾两次远征日本。据说因为台风导致远征失败（有些资料上说台风的影响有限）。

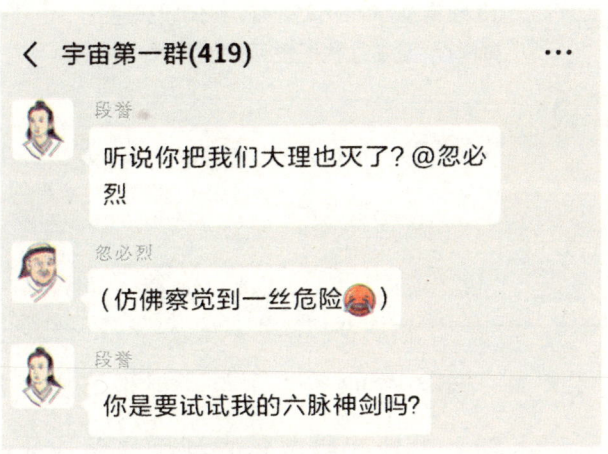

忽必烈
这,这都是为了完成对南宋的合围。

耶律洪基
灭国也能被你说得这么清新脱俗……

朱棣 Judy
灭国也能被你说得这么清新脱俗……

赵昀
支持楼上用六脉神剑,再叫上你的两个兄弟。

段兴智
@段誉 太太……太爷爷,我们段氏还算幸运,蒙古让我们世袭大理总管。

段誉
我大理段氏世代信佛,看来也算是修得福报了……

涉及的知识点

◎《天龙八部》中的多个角色,都是历史上的真实人物。段誉的原型是大理国皇帝段正严(字和誉),段正严的父亲是段正淳。乔峰义兄耶律洪基,在历史上也是大辽的皇帝。辽国的国号曾多次在契丹和辽之间反复切换。

◎ 大理皇帝多信奉佛教，很多大理皇帝在老去之后禅位为僧，段誉也是。忽必烈在攻灭大理之后，为了便于管理，继续让段氏皇族世袭大理总管，一直世袭到明朝初年（比元朝的时间还久）。相比其他被蒙古攻灭的国家，大理算是很大的福报了。

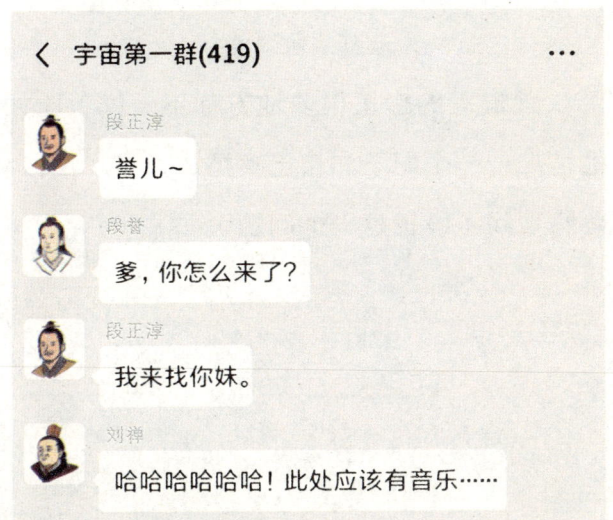

溥仪
段老师,每一个女人都爱你爱得死去活来,你是怎么做到的?

高纬
段老师,求开课!

朱厚照
段老师,求开课!

载淳
段老师,求开课!

涉及的知识点

○ 溥仪跟群里的帝王很多地方都不一样,比如,他是唯一一个妃子和自己离婚的皇帝(所以他疑惑地问了段正淳一个问题)。

群聊背景介绍

　　段誉和段正淳是金庸小说《天龙八部》中的人物,在历史上都有真实的人物原型。

　　在小说《天龙八部》中,段正淳是大理镇南王,虽然只是小说中的一个配角,但他靠着丰富的情史和高超的恋爱技巧，强势刷出一波存在感。

段誉是镇南王的世子，他在小说中喜欢的每一个小姐姐都是他的妹妹。

⟨ 宇宙第一群(419)　　　⋯

赵佶
没想到大家这么爱学习😭，我推个课程哈！

赵佶
书法、绘画培训班招生中，皇室名家亲自教学，名额有限，欲报名从速！

李煜
@赵佶 赵老板，你们招国学老师吗？我可以教诗词……

刘备
我也搭车发一个，本公司现有各类男女草鞋，专柜同款，一件批发，厂家货源，质量有保证噢！

李世民

怎么都发广告了？群主不管管吗？@嬴政

孛儿只斤·孛懒帖睦尔

草鞋早就不流行了吧……@刘备
那什么，我这里有草原无添加风干牛肉，超干原味，军粮首选。
有需要加微信，支持微信、支付宝转账！

赵佶

都做起副业了，看来大家都是不务正业的斜杠青年啊！

赵佶

你的词写得不错，私聊哈！@李煜

涉及的知识点

◎ "奈何生在帝王家，我本是个艺术家。"宋徽宗赵佶在书法（独创瘦金体）和绘画方面都有很高的造诣，是著名的艺术家皇帝。他不仅自己的艺术成就很高，还发掘了一大批大神级画家，比如画《清明上河图》的张择端，画《千里江山图》的王希孟……有人评价他：诸事皆能，独不能为君。

◎ 跟宋徽宗比较像的是南唐后主李煜，他们都是属于本职工作不精通，但是兴趣爱好却搞得极其高水准的皇帝。李煜被称为词中之帝，写了几首好词，大家在语文课本上应该都见过，比如"春花秋月何时了，往事知多少。小楼昨夜又东风，故国不堪回首月明中"。

◎ 孛儿只斤·妥懽帖睦尔，也就是元顺帝，是元朝在中原的最后一个皇帝。朱元璋北伐把元顺帝赶回了北方，退居大漠之后的元朝廷被称为北元。

宇宙第一群(419)

 朱元璋
蓝玉何在？把@孛儿只斤·妥懽帖睦尔赶回大漠！

 朱允炆
爷爷，蓝玉他好像被你灭门了……

 朱元璋
这么尴尬的吗？

 孛儿只斤·妥懽帖睦尔
惹不起，溜了溜了……

 朱元璋
那我继续加班了，没有宰相可累死个人。

 忽必烈
从草原出发，最后又回归草原，还真的是大道好轮回啊！

 成吉思汗
不肖子孙给我站住，看我不射死你！@孛儿只斤·妥懽帖睦尔

―――― 涉及的知识点 ――――

◎ 蓝玉是明朝初期的名将，曾经在捕鱼儿海大破北元。

◎ 后来，朱元璋大杀功臣，蓝玉也被杀。蓝玉案是明初四大案之一，株连者超过1.5万人。真实的历史好残酷！

◎ 朱元璋是皇帝中的劳模，吴晗先生曾做过统计，朱元璋平均每天要看200份文件，处理400件事情（这工作量不是一般的大）。

◎ 胡惟庸案也是明初四大案之一，胡惟庸是中国最后一个丞相（丞相一职被朱元璋废除）。

< 宇宙第一群(419)　　　　　···

赵匡胤

楼上几位的姓氏好奇怪，百家姓里都找不到……

钱弘俶
是啊,这姓氏着实奇怪!

 成吉思汗
……

 窝阔台
……

 忽必烈
楼上一看就是中原王朝,世界那么大,多出去看看,欧洲那边这样的名字不要太多。

 福临
其实他们姓孛儿只斤,就像我们姓爱新觉罗一样。我有一个汤爷爷,他的名字也很长。

 弘历
是的,我的宫廷画师郎世宁,他的外国名字压根让人记不住。

 忽必烈
我见过一个意大利的小朋友马可·波罗,他的名字倒是好记。

涉及的知识点

◎《百家姓》于北宋初年成书于吴越国地区。因为宋朝皇帝姓赵、吴越国王姓钱（正妃姓孙）、南唐国主姓李（如李煜），所以百家姓的开头是赵钱孙李（并不是按人数多少来排名）。百家姓收录有四五百个姓。

◎ 福临提到的"汤爷爷"是汤若望，罗马帝国传教士，在中国生活了47年，也是顺治皇帝的洋爷爷。中国今天的农历，是汤若望在明朝前沿用的农历基础上加以修改而成的"现代农历"。

◎ 郎世宁，意大利人，历经康雍乾三代的宫廷画师。

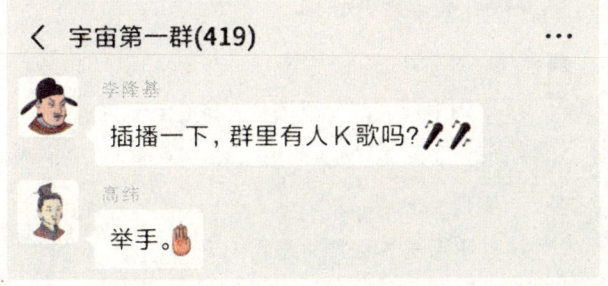

李存勖
哪家KTV？发个地址过来！

 李隆基
长安城梨园，还有大型音乐歌舞剧《霓裳羽衣曲》的现场表演，有很多漂亮小姐姐哟！

 李煜
哇，《霓裳羽衣曲》一定要去听听现场版。

 李隆基
@嬴政 群内福利，群主可以帮忙发个群公告吗？

 完颜亮
哇，有漂亮小姐姐！

 司马炎
哇，有漂亮小姐姐！

 高纬
哇，有漂亮小姐姐！

 朱厚照
小姐姐什么的无所谓，主要是出于对艺术的热爱。

 曹操
@李隆基 发张照片来看一下。

―――― 涉及的知识点 ――――

◎《霓裳羽衣曲》是音乐舞蹈史上的一颗璀璨明珠,由唐玄宗李隆基作曲。白居易的《长恨歌》有一句诗:

> 渔阳鼙鼓动地来,惊破霓裳羽衣曲。

◎ 李存勖也是一位狂热的戏曲爱好者,他的一生相当有戏剧性,很像是一个高考时期拼命、考上大学之后堕落的人。

◎ 梨园,是唐玄宗给学生进行戏曲教学的地方,后来戏曲演员被称为梨园子弟,戏曲世家被称为梨园世家。

◎《霓裳羽衣曲》在安史之乱后丢失,而后南唐的李煜把大部分补齐,南唐灭亡后又被李煜烧毁。

宇宙第一群(419)

AAA朱温
此处要@你的太爷爷@李世民 吗?

李世民
@李隆基 老是不务正业,好好的一个大唐,看看被你折腾成什么样子了!

李柷
祖宗,姓朱的终结了我们大唐。

朱见深Jason
楼上的,不要无差别攻击,好吗?

朱祁镇
顶Jason。

朱棣 Judy
顶Jason。

李世民
@嬴政 群主能不能给个面子,把这人踢了?@AAA朱温

顺治
阿弥陀佛,最后朱明王朝又被姓李的所灭,是否也是一种轮回?

———— **涉及的知识点** ————

○ 唐朝末年，朱温灭掉李唐，建立后梁。然后，李存勖灭掉朱温的后梁，建立后唐。到了明朝末年，李自成灭掉朱明王朝。

○ 姓李和姓朱的王朝，你方灭罢我登场，如同音乐的循环播放。

○ 顺治皇帝是佛系人设，"奈何身在帝王家，心心念念是袈裟"……

〈 宇宙第一群(419) ⋯

 朱由校
请问各位大佬，有人要定制家具吗？皇家品质，纯手工打造，紫禁城地区包邮哦！

 李世民
打广告不用发红包吗？群主快来执行一下群规！@嬴政

朱厚照
说到不务正业，我们大明朝还真没输过谁。

武则天
高薪招聘男团，薪资日结！

朱由校
小姐姐，可以给你打85折哟！
@武则天

武则天
不好意思，发错群了！

涉及的知识点

◎明朝的很多皇帝，都给人不务正业的印象。比如明武宗朱厚照，是一个纨绔的皇N代形象；还有明熹宗朱由校，是一个出色的木匠。

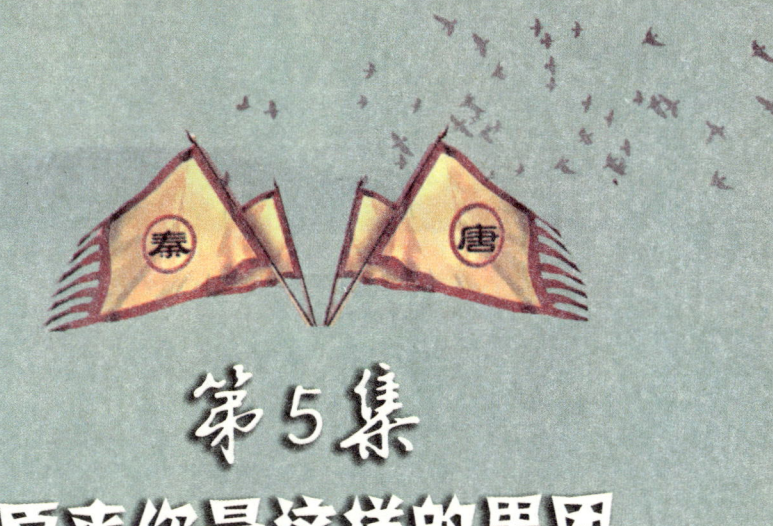

第5集
原来你是这样的男团

历史上的男团会有怎样的风云故事……

宇宙第一群(419)

李存勖
小姐姐撤回了啥？

陈叔宝
同好奇。

朱由校
好像是说招什么男团？

高纬
（期待地搓搓手）
那我报个名先，我可以做歌手。

陈叔宝
我可以写歌词，@李隆基 可以作曲。

李存勖
我能唱也能演，而且有成团的经验。

慕容冲
你们需不需要一个颜值担当？

刘禅
哈哈哈哈哈，这是名副其实的天团。加上 @ 武则天 刚好 6 个人，名字叫六月天怎么样？

没想到是这样的男团……

涉及的知识点

○ 高纬，南北朝时期北齐后主，擅长唱歌。

○ 李存勖，五代时期后唐开国皇帝，超级喜欢戏曲，也是知名武力男团十三太保的成员，可以说有成团经验。

○ 陈叔宝，南朝陈后主，他写的《玉树后庭花》很出名。唐代杜牧有句诗：

> 商女不知亡国恨，隔江犹唱后庭花。

○ 慕容冲，十六国时期西燕皇帝，也是中国古代十大美男之一。

宇宙第一群(419)

 曹丕
说到男团，推荐建安七子？

 曹操
丕儿，我们三曹也是建安文学的代表哟！

 孙权
咳咳，煮豆燃豆萁……

 曹丕
你给我闭嘴！@孙权

 司马炎
恕在下直言，竹林七贤难道不是宇宙第一天团？

 刘裕
嵇康都是被你老爹杀掉的好吗！@司马昭

 司马昭
唉，我也是后悔呀……

 曹髦
虚伪！司马昭之心，路人皆知。

―――― **涉及的知识点** ――――

◎ 汉献帝建安年间，有7位非常牛的文学家（孔融、陈琳、王粲、徐干、阮瑀、应玚、刘桢）。曹丕在一篇文章中把他们7个人并称为建安七子。除了孔融外（就是孔融让梨的那位），其余6人都在曹操和曹丕手底下做事。

◎ 三曹（曹操、曹丕、曹植）也是建安文学的代表，关于曹操的诗，大家在语文课上肯定读过，其诗主要以四言为主；关于曹植，"才高八斗"这个成语形容的就是他，他是第一位大力写作五言诗的人；曹丕则是推动七言诗发展的关键人物。

◎ 曹植在哥哥曹丕的逼迫下，七步成诗：

> 煮豆燃豆萁，豆在釜中泣。
> 本是同根生，相煎何太急。

话说曹操的儿子真是个顶个的优秀啊，曹丕、曹植，还有一个曹冲，被称为"神童"，留有曹冲称象的典故……实在是不可思议……

◎ 司马炎，晋朝创始人，父亲是司马昭。

◎ 竹林七贤是魏晋时期的一个文学天团，也是魏晋风度的代表。嵇康是竹林七贤中妥妥的核心人物，也是中国古代十大美男之一。后来被司马昭所杀，杀完之后司马昭又后悔了（不排除有作秀的嫌疑）。

◎ 曹髦因为不满司马兄弟的专横跋扈，说了一句流传到现在的话："司马昭之心，路人皆知也。"

宇宙第一群(419)

赵顼
魏晋有三曹，我们大宋有三苏，也是父子兄弟噢！

赵煦
要我说，宇宙第一天团是唐宋八大家吧。三苏都在这个团，太长脸了。

朱瞻基
现在知道来沾别人的光了，当初两位把苏学士流放得很过分啊！

朱见深Jason
八大家都不在一个时代，也能称为一个团？

涉及的知识点

◎ 三苏，就是苏洵（父亲）、苏轼、苏辙（弟弟），与三曹齐名。三苏也是唐宋散文八大家的成员。八大家中，唐朝占两位（韩愈、柳宗元），北宋占了六位（欧阳修、王安石、曾巩，加上三苏）。

◎ 宋神宗赵顼（xū），曾因乌台诗案把苏轼贬到黄州。在黄州，苏轼写下了著名的《赤壁怀古》。在宋哲宗（赵煦）时期，苏轼又被流放到广东惠州、海南儋州。

◎ 虽然一直不得志，一路被流放，这一千年来，苏东坡却成了家喻户晓的存在。

〈　宇宙第一群(419)　　　　　　…

李儇
说实话，还是搞男团有知名度啊！

李漼
实名羡慕！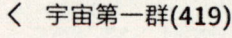

刘奭
像我们，如果自己不说，谁知道我还当过大汉的皇帝。

刘衎
是啊是啊，太有共鸣了。

司马聃
群里这么多大人物，我们这样的小人物根本不好意思说话……

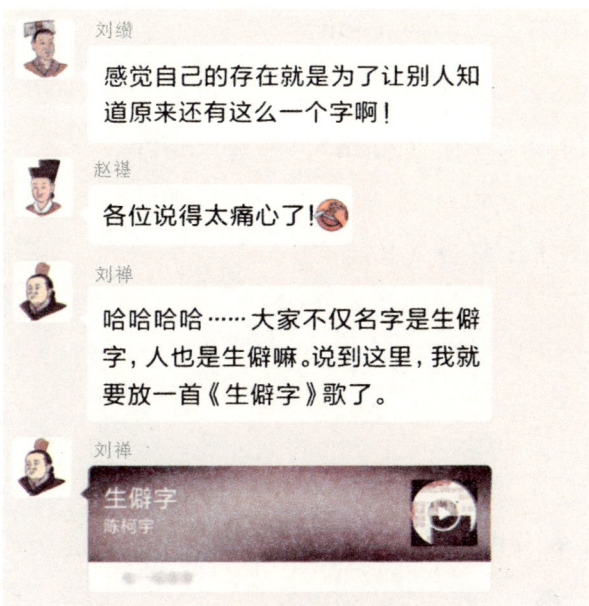

在一个群里，80%都是"潜水"的，活跃的就那么几个。一个王朝也是一样，再知名的朝代，大家耳熟能详的名字也是那么几个。很多皇帝的名字，对大家来说就是生僻字……

———— 涉及的知识点 ————

（生僻字）

◎汉朝：刘奭（shì），刘衎（kàn），刘缵（zuǎn）。

◎ 晋朝：司马聃（dān）。

◎ 唐朝：李儇（xuān），李漼（cuǐ）。

◎ 南宋：赵禥（qí）。

所以，有没有人把各位帝王的名字写成一首生僻字歌？

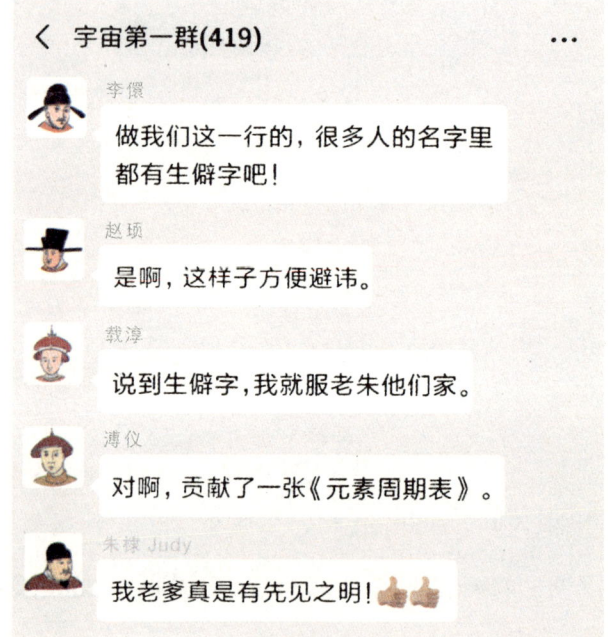

————— **涉及的知识点** —————

◎ 避讳是古代很常见的事情。简单点儿说，避讳就是不能写出或说出皇帝的名字。比如故宫北门，原来叫玄武门，为了避康熙皇帝玄烨的讳，改成了神武门。

◎ 所以有些皇帝为了方便老百姓避讳，不用总是改名字，便会在登基后改一个匹配身份且带有生僻字的名字。宋朝皇帝大概有一半是改了名字的。

◎ 朱元璋给自己的后代规定了一套取名规则——第二个字是辈分，第三个字要符合五行相生（木生火、火生土、土生金、金生水、水生木）。如果我们要记一个大朝代所有皇帝的出场顺序，那么，明朝皇帝的顺序是最容易被记住的（看下图）。

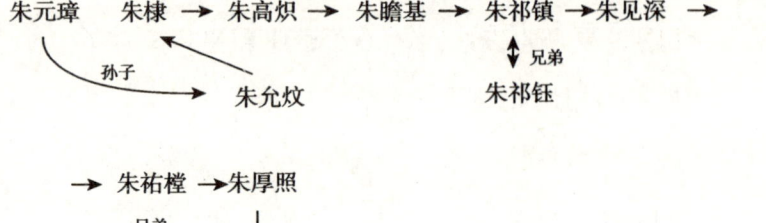

○ 后来，朱元璋的后代实在是太多，字典里包含金、木、水、火、土的字毕竟是有限的，所以朱家的皇子、皇孙就造了很多字出来。比如锡、镭、铬、铌、汞、钠、钴、钯、铈、钾、锌、镧、钋、钛、锂、铍、镉、钒、铕、铬；烷、烯、烃、炔等。后来，清代徐寿在翻译《元素周期表》和化学著作的时候，就用了这些字。

无形之中,朱元璋对中国化学做出了巨大的贡献……

< 宇宙第一群(419)　　　…

朱瞻基
皇爷爷~

朱棣Judy
好孙儿,大明在你手里可好?

朱瞻基
爷爷,我和我爹一起创造了仁宣之治,大家纷纷给好评,我还培养了自己的一个小爱好呢。

朱棣Judy
哈哈哈哈,你果然是我大明朝之福。

朱瞻基
而且听说我的两个儿子都当皇帝了。

朱常洛
祖宗,我跟你一样!

武则天
我的两个老公和两个儿子也是皇帝。

高欢
我有四个儿子在群里。

李显
居然有人敢在"六位帝皇丸"面前撒野!

刘裕
不好意思,我是"六位帝皇完"。

---- 涉及的知识点 ----

◎ 立太子的时候,朱棣在朱高炽和朱高煦之间犹豫不决,解缙说了一句好圣孙(朱瞻基),于是朱棣便决定立朱高炽为皇太子,立朱瞻基为皇太孙。朱瞻基出生时,朱棣(当时还是王爷)曾说:"此乃大明朝之福也。"

◎ 明代有3个皇太孙,分别是朱允炆(爷爷朱元璋)、朱瞻基(爷爷朱棣)、朱由校(爷爷万历)。朱瞻基的父亲(朱高炽)在位10个月,朱由校的老爹(朱常洛)在位只有1个月,是明朝在位时间最短的两位皇帝。

◎朱高炽（明仁宗）和朱瞻基（明宣宗）父子俩一起创造了仁宣之治，朱瞻基爱好玩蟋蟀，被称为太平天子、促织皇帝。

◎刘裕是南北朝宋的创始人，也是以武力值著称的皇帝。辛弃疾的那句"金戈铁马，气吞万里如虎"，说的就是刘裕北伐中原的故事。刘裕所处的时代是大动荡时期，南方是偏安一隅的东晋，北方是很多个封建割据政权。在刘裕起家的过程中，总共有6位帝王死在他的手上，他真是名副其实的"六位帝皇完"。

< 宇宙第一群(419)　　　　　　　···

 朱祁钰

老爸，您确实是大明之福，我哥他就不一定了……

 朱瞻基

怎么了，钰儿？

 朱祁钰

他搞的土木堡，差点让大明完蛋。明军20万精锐毁于一旦，他自己也被瓦剌俘虏了……

 朱瞻基

气到昏厥

 赵佶

这败家水平跟我有一拼！

 朱祁镇

你怎么不说说你把我关了7年的事儿！

 朱祁钰

是我和于谦保住了北京城，你的烂摊子都是我收拾的。你看看你夺门之后干的那些事情！

第5集 原来你是这样的男团

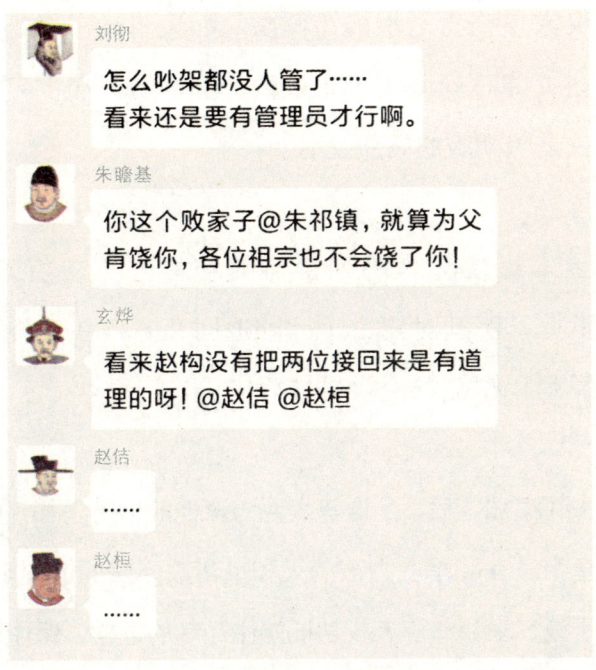

涉及的知识点

◎明英宗（朱祁镇）时期，瓦剌犯边，边境告急。在大太监王振的鼓动下，朱祁镇亲率20万精锐出征。但是因为一些儿戏化的操作，在土木堡被5万瓦剌军打得大败，明朝的武将精英和明军主力几乎损失殆尽，朱祁镇也做了俘虏（史称土木堡之变）。自北宋靖康之耻之后，汉家皇帝再一次成为俘虏。如果不是于谦等人在关键时刻保住了北京城，土木堡之变很可能就是明朝版的靖康之耻。

◎ 土木堡之变是明朝由盛变衰的一个转折点，从此，明朝对蒙古（元朝退回北方不久分裂成瓦剌和鞑靼）由攻势转为守势。

◎ 朱祁镇被俘后，于谦等大臣力谏他的弟弟朱祁钰当皇帝。在明军主力被消灭和皇帝被俘虏的情况下，于谦、朱祁钰等人成功抵挡住瓦剌的进攻，保住了北京，明朝也免于成为又一个南宋。

◎ 瓦剌认为朱祁镇奇货可居，想通过挟持朱祁镇从明朝捞到好处，可惜明朝没有同意。在发现朱祁镇没有价值之后，瓦剌又把朱祁镇放回来了。朱祁镇回到北京之后，被朱祁钰关了7年，最后在朱祁钰病重的时候，夺门而出重登大位（史称夺门之变）。

◎ 朱祁镇是明朝唯一一个两次当皇帝的人,二度上位之后,他逮捕并冤杀了于谦,废掉了朱祁钰的皇帝尊号,朱祁钰死后也不允许葬在明十三陵。

◎ 通过朱祁镇和朱祁钰的故事,我们可以知道:为什么岳飞想要收复中原,迎回徽钦二帝,赵构却阻止了他。如果把宋徽宗和宋钦宗接回来,赵构的位子估计也会不稳。

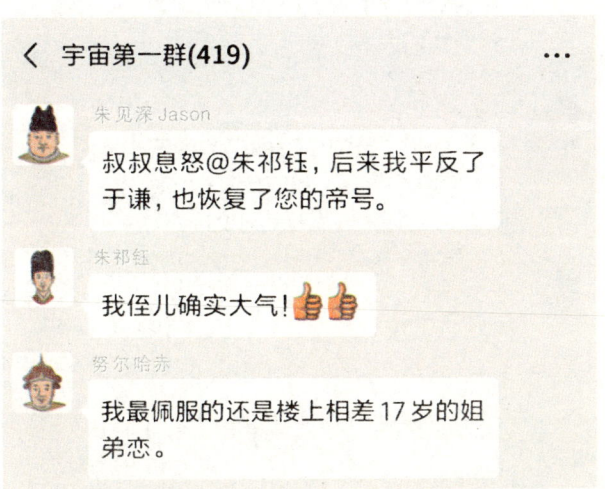

朱见深Jason
你是哪位?

努尔哈赤
成化犁庭还记得吗?

朱见深Jason
你,你是建州女真?你们怎么会在群里??

万历
老祖宗,真的是一万个想不到,他们建立了后金。

皇太极
我还建立了大清呢,你们大明之后就是我们大清了……

努尔哈赤
想不到吧,当年你灭掉了我的五世祖。100多年后,我取代了你,哈哈哈哈哈哈哈(一串杠铃般的笑声)……

朱见深Jason

想不到啊……想不到……

---- 涉及的知识点 ----

◎ 朱见深曾被叔叔朱祁钰废掉太子之位,后来他不计前嫌恢复了叔叔的皇帝尊号,也平反了被父亲冤杀的于谦。

◎ 朱见深是个痴情的人,谈了一场旷古绝今的姐弟恋,专宠比自己大17岁的万贵妃一人。

◎ 朱见深曾对建州女真开战,杀死了努尔哈赤的五世祖,对当时的建州女真造成毁灭性的打击(史称成化犁庭)。

◎ 直到100多年之后,建州女真才慢慢恢复元气。努尔哈赤经过30多年的时间,逐渐统一女真各部,在万历时期建立了后金。受靖康之耻的影响,明朝人对金这个国号有阴影,容易引起历史联想。为了便于以后入主中原,消除汉人对金国的抵触心理,皇太极把金的国号改成了大清。

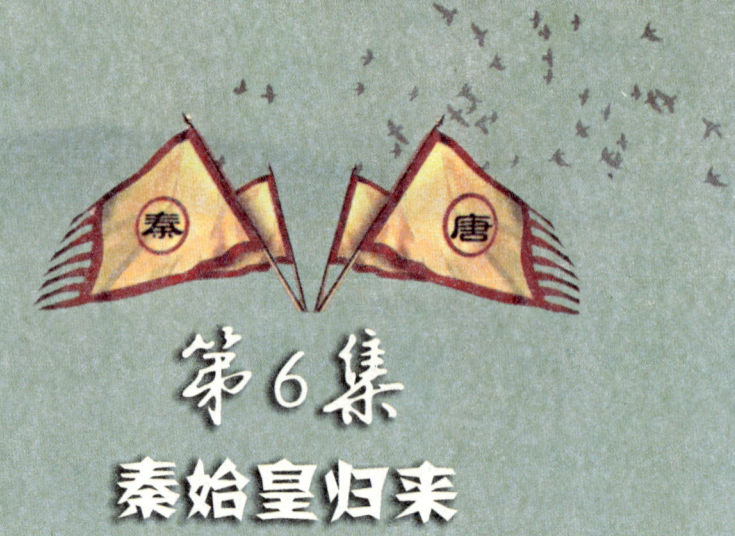

第6集
秦始皇归来

秦始皇归来了!

第6集 秦始皇归来

< 宇宙第一群(419) ···

朱元璋
楼上的两位,你们是当我不存在吗?

朱元璋
哪位是灭亡我大明的凶手,站出来走两步。

刘禅
搬个小板凳,有好戏看了。

朱厚照
搬个小板凳,有好戏看了。

"朱厚照"撤回了一条消息

玄烨
朱老板,灭明的是李自成,他不在群里。

朱棣Judy
老爹,要不要我派人去找找?找人我还挺专业的。

朱允炆
……

朱棣有寻找朱允炆的经验。

宇宙第一群(419)

朱由检
所以，最后不是李自成取代了大明？

福临
不是的，吴三桂打开山海关，跟我皇叔联合打败了李自成。

朱由检
这一波操作玩得可以啊，难怪京师被困的时候叫他半天都不来！

玄烨
后来在三藩之乱中，吴三桂的势力被我灭掉了。

李柷
吴三桂这操作风格，跟@AAA朱温 有点儿像……

AAA朱温
这个梗过不去了是吧……

———— 涉及的知识点 ————

◎ 1644年年初，崇祯多次催促吴三桂率师勤王。因为多种原因，吴三桂的关宁铁骑行军速度非常缓慢，还在中途的时候，京师就被李自成攻下了，崇祯也在煤山上吊自杀。

◎ 后来吴三桂打开山海关，和多尔衮联合打败了李自成。几个月后，清朝从沈阳迁都到了北京。

◎ 1644年是一个值得记住的年份。城头变幻大王旗，局势变化之快，连历史舞台上的这些主角都想象不到。紫禁城迎来送往，见证了三拨主人（崇祯、李自成、顺治）。

◎ 吴三桂降清后被封为平西王，镇守云南，后来康熙下令撤藩，吴三桂联合另外两位藩王反清（打的名号是兴明）。三藩之乱历时8年，最终被康熙平定。

◎ 朱温起初是黄巢的部将，后来投降了唐朝，帮着唐朝打黄巢。后来朱温又逼迫李柷（唐哀帝）让位给自己，终结了唐朝，建立了后梁。

宇宙第一群(419)

 万历
不要转移话题,我大明的灭亡你们女真也有份!

 皇太极
纠正一下,女真后来改成了满洲。

 朱由检
要不是你们搞事情,李自成早被我收拾了!

 皇太极
这个黑锅我不背,难道不是因为你性格多疑?

 努尔哈赤
就是,还是要从自身找原因。

 朱由检
都是诸臣误我……

 弘历
不过,世人都说:明之亡,实亡于万历……

 万历
……

 万历
你给我闭嘴!@弘历

第6集 秦始皇归来

—— 涉及的知识点 ——

◎ 女真族名被皇太极改成了满洲。

◎ 万历时期,努尔哈赤在萨尔浒打败了明军,成为明清兴衰的一个转折点。有个说法是"明之亡,实亡于万历"。

◎ 朱由检(崇祯)是万历的孙子,崇祯时期,明朝腹背受敌——既有李自成、张献忠等农民军,又有皇太极这样的强敌。然而崇祯性格多疑,不信任臣下,最终错失了力挽狂澜的机会。

趣说中国史

朱由检
史上最弱势的创始人就不要说话了，好吧？@司马睿

李晔
安史之乱后，我们大唐国都六陷，天子九迁，这样也延续了100多年。

刘邦 Bond
大唐命硬，果然厉害！👍

朱厚照
哇，007都出来啦，好酷噢！

刘邦 Bond
朱棣给起的，Louis Bond，说这名字特别衬我的气质。

曹操
朱老弟也说要给我起英文名，老夫硬是没接受。

涉及的知识点

◎ 有些朝代在国都沦陷之后，又有宗室或皇族跑到别的地方延续了这个王朝。比如西晋灭亡之后，司马睿建立了东晋（司马睿可能是最弱势的开国皇帝）；北宋都城陷落之后，赵构南

渡建立了南宋。

- 刘秀是东汉的创始人,也是大汉的皇室后裔。西汉和东汉之间,隔了一个王莽的新朝。

- 明朝初期曾定都于南京,后来虽然迁都北京,在南京还是保留了完整的机构配置。失去中原之后,东晋和南宋在江南都延续了100多年,南明却持续了很短一段时间。

- 从安史之乱开始的100多年里,大唐都城长安总共被攻陷6次,皇帝逃亡9次(唐昭宗李晔一个人占了4次),可以说是非常命硬了。

赵匡胤
看聊天记录,几位是一家人?@朱元璋 @朱由检 @万历

万历
嗯嗯,是的。

趣说中国史

赵匡胤
那怎么两个姓朱的,一个姓万的?

朱元璋
赵老哥有所不知,明朝创立之后,我规定了一个皇帝任期内只使用一个年号。

玄烨
膜拜一下,给偶像鼓掌!

弘历
因为年号唯一,所以大家更习惯用年号来称呼我们了。

刘彻
不错不错,年号创始人路过……

武则天
年号注册达人路过……

赵匡胤
原来如此,知识点学到了!

――――― 涉及的知识点 ―――――

◎汉武帝是年号的创始人,总共用过11个年号,明朝以前的皇帝很多都有多个年号。

第6集 秦始皇归来

◎ 使用年号最多的是武则天，总共有18个。

◎ 朱元璋规定一个皇帝任期内只用一个年号。

◎ 唐代以前，往往是用谥号（××帝）来称呼皇帝。比如汉武帝、汉献帝、魏文帝……唐代之后，用得比较多的是用庙号（××祖、××宗）来称呼皇帝，比如唐太宗、唐玄宗、宋太祖……明朝以后，因为年号的唯一性，大家习惯用年号来称呼皇帝，比如崇祯（朱由检的年号）、康熙（玄烨的年号）、乾隆（弘历的年号）等。

◎ 因为情况特殊，明朝朱祁镇有两个年号，清朝皇太极也有两个年号。

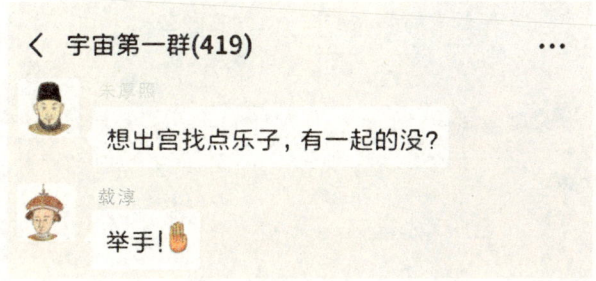

努尔哈赤
哎哟,大明玩童上线了!

福临
真羡慕你洒脱的生活态度。@朱厚照

朱厚照
🎤原谅我这一生不羁放纵爱自由……

玄烨
阁下是不是贪玩了点?!

弘历
+1

朱厚照
两位都是六下江南的人,也好意思说我?

载淳
大佬,要不去你的豹房参观一下吧?@朱厚照

曹操
听起来好刺激的样子,同去同去!

完颜亮
算我一个!

司马炎
观光团走起~

---- 涉及的知识点 ----

○ 朱厚照以贪玩著称,"原谅我这一生不羁放纵爱自由",这句歌词很适合他。

○ 载淳,清朝同治帝,也爱出宫玩。

宇宙第一群(419)

朱祐樘
就知道玩玩玩,能不能让为父省点心!@朱厚照

溥仪
楼上是名副其实的三口之家,古今独一份了。

雍正
还是一个儿子好,天然具有继承权。

朱祐樘
一个孩子还是太少,容易被宠坏。

玄烨
孩子多了也不好,九子夺嫡!

朱瞻基
还是儿子没本事比较头疼。

司马炎
我儿子不仅没本事，还是个弱智！

李渊
儿子太有本事，家里人也是很有压力的！

朱祁镇
老爸，好歹给我留点面子@朱瞻基

朱瞻基
两个王四个2还打输了就不要说话了好吗？

李世民
父皇，退休之后生活可好？

涉及的知识点

○ 朱祐樘是唯一贯彻一夫一妻制的皇帝，他的长到成年的孩子只有朱厚照一个，所以是名副其实的一家三口。朱祐樘非常溺爱朱厚照。

○ 康熙儿子众多，为了争夺继承权，发生了九子夺嫡事件（9个儿子参与争夺皇位），最后四阿哥胤禛胜出（也就是雍正）。雍正为了防止再出现兄弟间争夺皇位的惨剧，开始实行秘密立储制度，不再公开设立太子，由皇帝写诏书并放置于乾清宫"正大光明"匾额后，直到皇帝驾崩后才能打开并宣布继承人。

◎ 朱瞻基的儿子是朱祁镇，也就是土木堡之变中被俘虏的那一个皇帝。司马炎的儿子司马衷，是著名的弱智皇帝。

◎ "儿子太有本事，家里人有压力"，这里指的是玄武门之变和李渊退位。

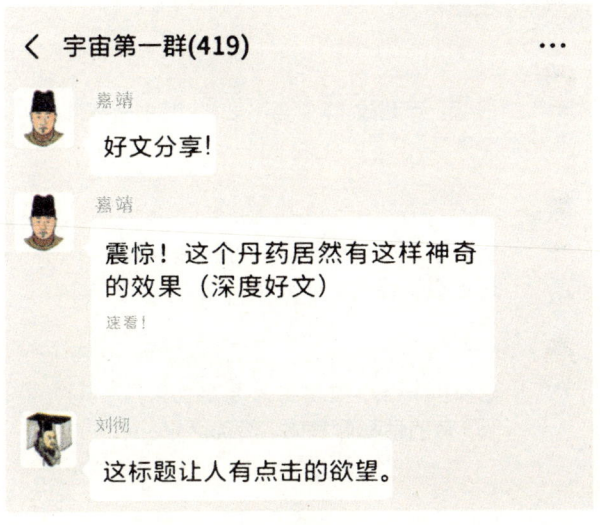

雍正
谢谢大佬分享!

李忱
已转发家族群。

嘉靖
群里道友好多啊,要不咱们拼个团吧?

嘉靖
【仅剩6人】拼团购买神奇丹药,下单请备注群名
先到先得

李忱
已团!

雍正
已团!@嬴政 群主要不要也来团一个?

朱常洛
曾爷爷,不要随便服用仙丹,别问我是怎么知道的!@嘉靖

朱由校
搭车问一下,群里有人要定制家具吗?有的话私聊我哈,价优活好……

赵匡胤
这群咋又变成广告模式了……群主是不是出来管一下？@嬴政

涉及的知识点

◎ 历史上有很多皇帝沉迷丹药，比如秦始皇、汉武帝（刘彻）、唐太宗、唐宣宗（李忱）、嘉靖等，不少人因为炼丹中毒，反而影响了健康和寿命。

◎ 道家的鼻祖是老子。老子，姓李名耳，字聃。李唐皇室自称是老子（李聃）的后裔，所以唐朝皇帝大都信仰道教，很多都服食丹药。

◎ 朱常洛是明朝在位时间最短的皇帝，因为服用红丸（仙丹），在位仅一个月就驾崩了，给后世留下一个疑案（红丸案）。

< 宇宙第一群(419)　　　…

嬴政
大家镇静一下，哥准备出来了！

趣说中国史

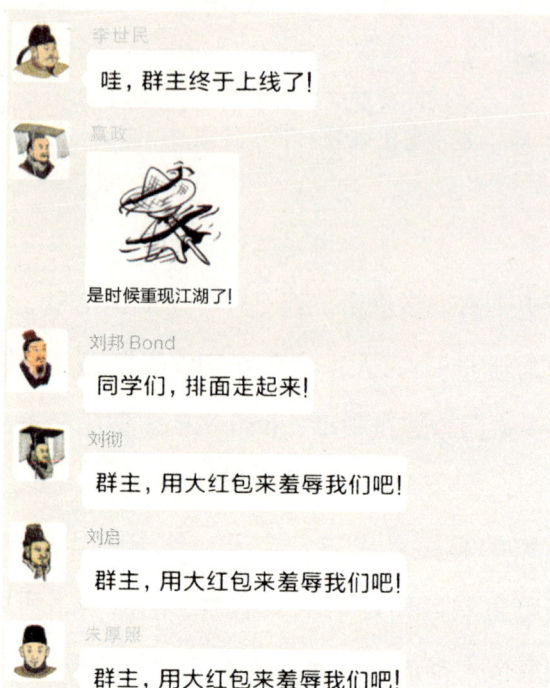

秦始皇归来……

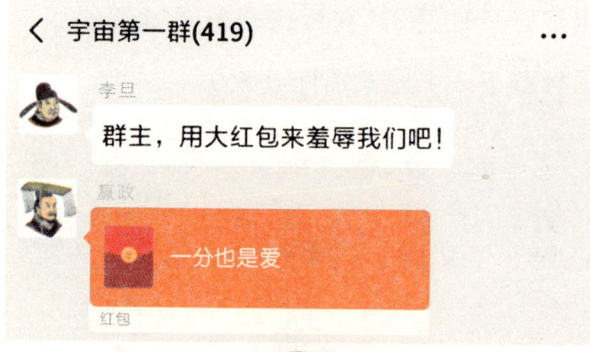

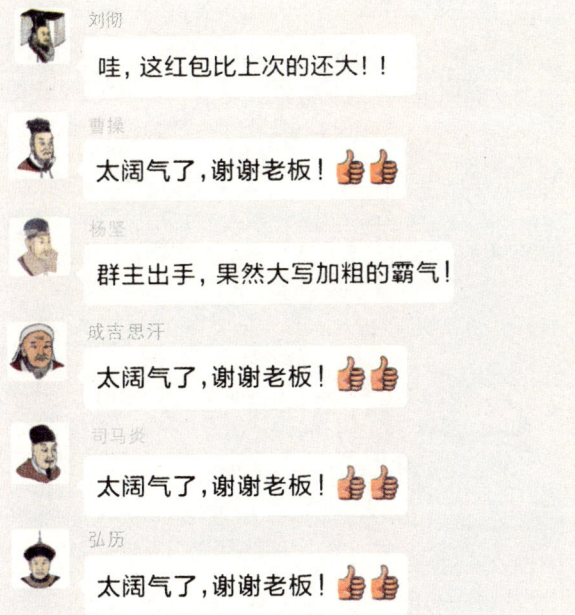

群内刷屏……

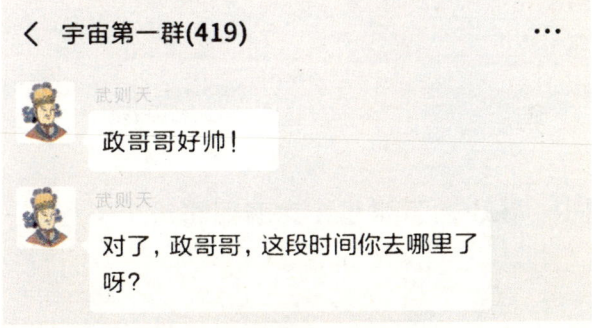

那么,秦始皇这段时间去哪里了呢?

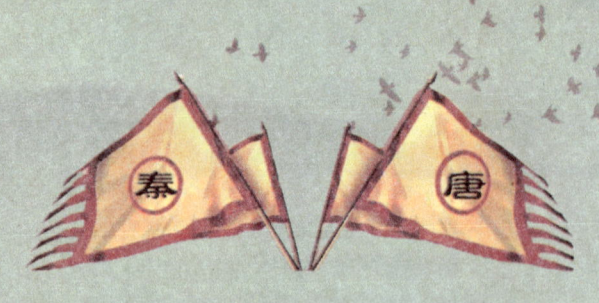

第7集
怎么变成吐槽大会了

上一篇中，嬴政去了哪儿让大家很好奇……

第7集 怎么变成吐槽大会了

宇宙第一群(419)

 武则天
政哥哥好帅!

 武则天
对了,政哥哥,这段时间你去哪里了呀?

 李治
咳咳……为夫还在群里呢!

 刘邦 Bond
是啊,老哥,好久没在群里看到你了。

 嬴政
我出去巡游天下了。

 朱厚照
哈哈哈哈!巡游好玩,政哥是去秦皇岛吗?

 嬴政
这次去泰山封禅,山上信号差,就没怎么看微信。

 刘邦 Bond
老哥,有一次我还偶遇过你的巡游车队,太气派了!

嬴政
你要这么说,我就有踢人的冲动了!
@刘邦 Bond

刘彻
世界那么大,想出去看看……

杨广
我也爱巡游,尤其爱扬州。

玄烨
曾六下江南,六次去南京。

弘历
此情此景,好想吟一首诗,我开始全身不受控制啦。

此时,弘历内心唱起了歌曲《为你写诗》。

———————— 涉及的知识点 ————————

◎ 秦灭六国之后,秦始皇曾多次巡游全国,到过泰山,看过大海,来过江浙,去过湖北。他的车队被刘邦遇到过,刘邦说了一句:"嗟乎,大丈夫当如此也!"他的车队也被项羽遇到过,项羽说了一句"彼可取而代之"。

◎ 秦始皇东巡到一个地方，然后派人入海求仙，后来这地方得名秦皇岛，秦皇岛是中国唯一一个以皇帝帝号命名的城市。

◎ 封禅，是古代祭祀天地的大型典礼。因为科技水平不高，古代人认为泰山是最高的山，是天下第一山，帝王是人间最高的象征，所以帝王封禅大都是去泰山。从秦始皇开始，到宋真宗为止，共有6位皇帝封禅泰山。

◎ 在古代帝王中，嬴政、刘彻、杨广、玄烨、弘历，他们的巡游比较出名。

◎ 杨广开凿大运河，曾三次下扬州，据说船队有几千艘船只，绵延100多千米。

◎ 康熙（玄烨）和乾隆（弘历）都曾六下江南，并且都曾六次到南京祭拜明孝陵（朱元璋陵墓）。乾隆下江南，留下了很多民间故事。

宇宙第一群(419)

万历
哇,楼上要写诗了!

赵佶
现在退群还来得及吗?

朱由检
现在退群还来得及吗?

弘历
……

李隆基
你一个人就赢了我们整个大唐!🐷

王莽
都说量变引起质变,怎么到阁下这里科学规律都不灵了。

成吉思汗
哈哈哈哈哈!像我这样不懂诗的,就根本没在怕。

弘历
楼上几位一定是妒忌我的写作能力。

李煜
可拉倒吧,你写了4万多首诗,有一首是需要背的吗?🎃

第7集　怎么变成吐槽大会了

刘邦 Bond
大风起兮云飞扬，有一首成名作的飘过……

曹操
同情 @ 弘历，发了几万条微博都没上过一次热搜……我的好几首诗两千年来都被人转爆了……

弘历
呃，怎么突然变成吐槽大会了……

涉及的知识点

◎ 乾隆爷酷爱写诗，一辈子写了4万多首诗，跟全唐诗的数量差不多，然而没有一首广为人知，放到现在绝对是朋友圈里的刷屏狂人。

◎ 王莽是一位非常具有科学精神的帝王，他曾经支持过最早的人体解剖实验，支持过最早的飞行实验，还是最早的人工食品研究者（所以安排他说了这句台词）。

◎ 李煜的《虞美人》、刘邦的《大风歌》、曹操的《短歌行》《龟虽寿》等，都是现代人必背的诗词。

虞美人·春花秋月何时了
作者：李煜

春花秋月何时了？往事知多少。

小楼昨夜又东风，故国不堪回首月明中。

雕栏玉砌应犹在，只是朱颜改。

问君能有几多愁？恰似一江春水向东流。

大风歌
作者：刘邦

大风起兮云飞扬。

威加海内兮归故乡。

安得猛士兮守四方！

龟虽寿
作者：曹操

神龟虽寿，犹有竟时；

腾蛇乘雾，终为土灰。

> 老骥伏枥，志在千里；
> 烈士暮年，壮心不已。
> 盈缩之期，不但在天；
> 养怡之福，可得永年。
> 幸甚至哉，歌以咏志。

看到众人嘲讽乾隆，康熙有点护孙心切……

< 宇宙第一群(419)　　　　…

玄烨
我想说，论在位时间，楼上的各位都……没有我长。

弘历
顶皇玛法。👍👍
论寿命，大家都没有我长……

朱厚照
哈哈哈哈！这一波反击漂亮！

弘历
我们祖孙三代在位时间134年，试问群里还有谁？

司马睿
这是真的牛！👍
我们东晋传了11个皇帝也才103年。

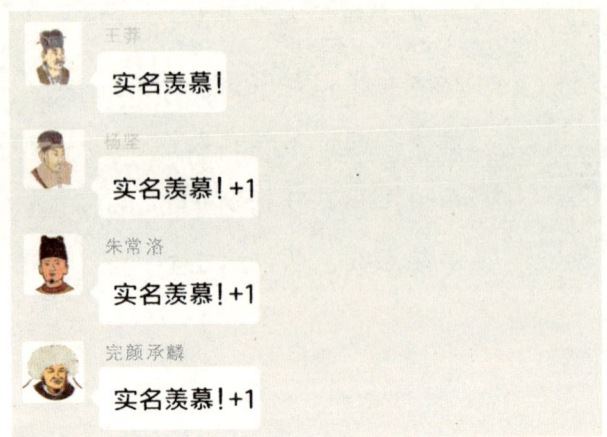

---- **涉及的知识点** ----

◎ 康熙在位61年,是中国历史上在位时间最长的皇帝。

◎ 满语称爷爷为玛法,称父亲为阿玛。

◎ 乾隆活了89岁,是中国历史上寿命最长的皇帝。为了不超过爷爷的61年,乾隆提前禅位给儿子嘉庆,在位时长60年,是历史上第二长。

◎ 康熙、雍正、乾隆祖孙三代加起来,在位总时长

134年,清朝入关之后共存268年,刚好占了一半时间。

○ 王莽的新朝,杨坚的隋朝,都是短命王朝。朱常洛在位仅一个月,完颜承麟在位只有一两个小时。他们在位时间都很短。

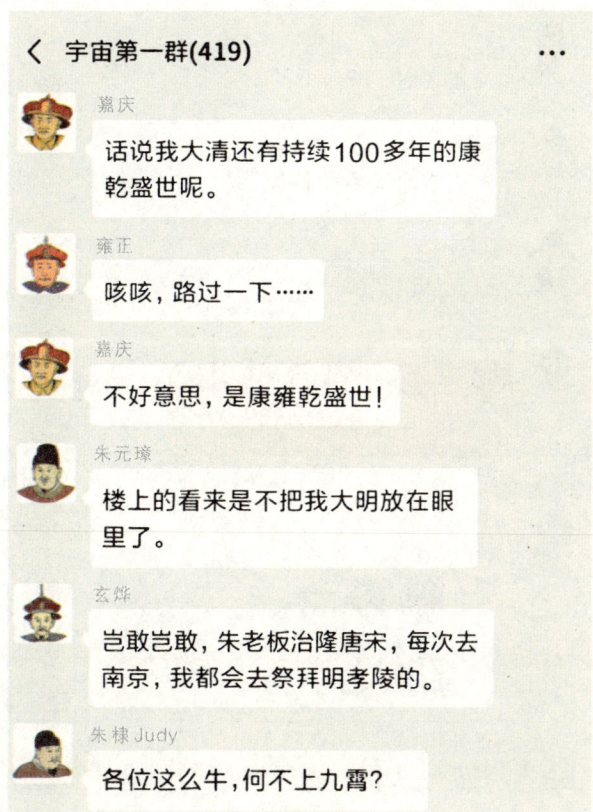

趣说中国史

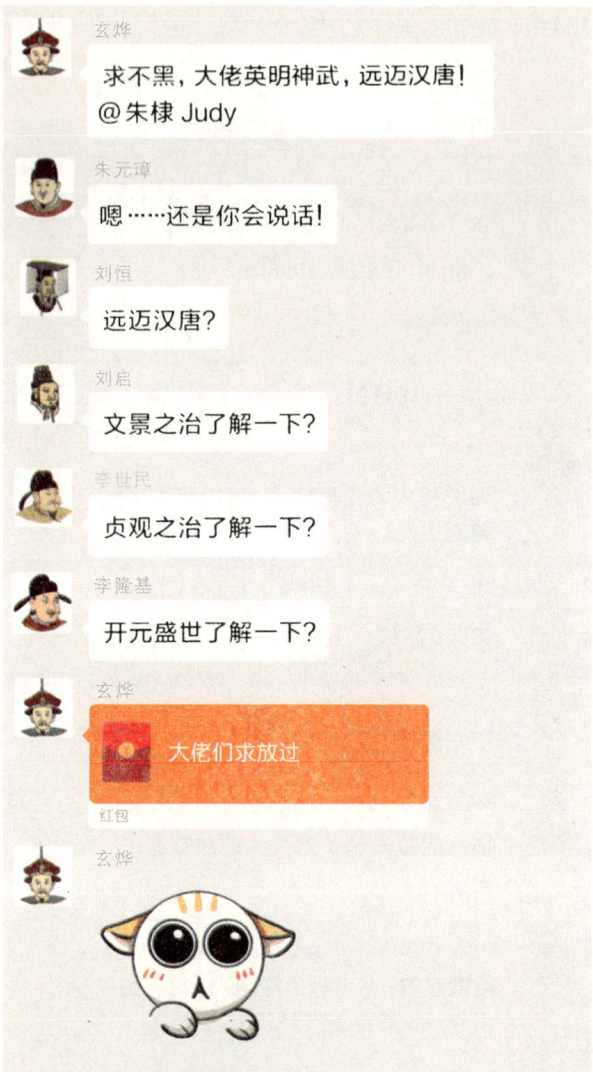

第7集 怎么变成吐槽大会了

―――― 涉及的知识点 ――――

◎ 我们常说的康乾盛世,其实雍正的贡献也非常大。只不过康熙和乾隆的在位时间都非常长,夹在中间的雍正在位只有十几年时间,吃了在位时间短的亏。

◎ 康熙是清朝入关之后的第二位皇帝,为了安抚广大的汉人,康熙六次南巡基本都去拜谒了明孝陵。"治隆唐宋"是康熙对朱元璋的评价,称赞明太祖对国家的治理比唐朝和宋朝还要兴隆。"远迈汉唐"是《明史》对朱棣的评价,"幅员之广,远迈汉唐",称赞明朝的疆域比汉朝和唐朝还要辽阔(这样的评价有政治目的,所以可能会有过誉的地方)。

◎ 西汉的文景之治(由汉文帝刘恒和汉景帝刘启一起打造)、唐太宗的贞观之治、唐玄宗的开元盛世、清代的康乾盛世,是中国古代比较著名的几个盛世。

宇宙第一群(419)

 李世民
小伙子情商不错,看来是一位有为之主。

 弘历
我皇玛法8岁登基,15岁除掉权臣鳌拜,从小就超厉害的。

 刘彻
鳌拜是托孤大臣吧?

 玄烨
是的,然而并没有把我放在眼里。

 曹叡
温馨提示:托孤一定要选对人,要不然你可能会和他在一个群!@司马懿

 刘禅
还好我选对了,我们家丞相还是很靠谱的。

 刘协
实名羡慕刘皇叔!😭

 曹操
嗯?

第7集 怎么变成吐槽大会了

刘协
我啥也没说啊,岳父!

曹操
如果天下没有我,不知会有几人称王,几人称帝,好吗!

刘备
借用我家丞相一句台词,我从未见过如此厚颜无耻之人!🍊

涉及的知识点

◎ 司马懿历经曹操、曹丕、曹叡三代后,被魏明帝曹叡托孤辅佐幼主曹芳,之后曹魏的大权逐渐被司马氏所控制。相比来说,刘备托孤诸葛亮是很成功了。

◎ 曹操是汉献帝刘协的岳父,也是刘协的丞相。曹操挟天子以令诸侯,曾说过:"设使国家无有孤,不知当几人称帝,几人称王。"

宇宙第一群(419)

 载淳
弱弱地问一句,我能不能把母后拉进来?

 载湉
我能不能把我大姨妈拉进来?

 溥仪
我能不能把我外婆拉进来?

 武则天
哇哦,太棒了,一下子拉进来三位小妹妹。

 李世民
据我所知,楼上三位拉的是同一个人吧。

 溥仪
是的,前辈。

 武则天
老公好利害,知识好渊博!

 李世民
以史为镜,可以知兴替,最近恶补了一下后世历史!

第7集　怎么变成吐槽大会了

玄烨
你们这几个不争气的东西，居然被一个女人当木偶耍！@载淳 @载湉 @溥仪

咸丰
真是没想到，我苦心安排的顾命八大臣，这么快就被懿贵妃收拾了……

武则天
好想认识一下这么厉害的妹妹！

刘盈
根据个人经验，楼上几位是被挟持了吧？
被挟持就眨眨眼。

载淳
怎么可能？

载湉

―――― 涉及的知识点 ――――

◎ 慈禧,叶赫那拉氏,是咸丰的懿贵妃,也是同治(载淳)的母亲。慈禧跟光绪(载湉)和宣统(溥仪)有多重关系,她是光绪的大姨妈,同时也是溥仪的干外婆。

◎ 载淳(同治)年幼时,咸丰临终前安排了顾命八大臣辅佐载淳。然而,仅仅几个月之后,八大臣就被慈禧等人除掉了。所以,清朝后期的同治、光绪、宣统都没有什么实权。三人继位的时候都是几岁大的小朋友,而且都没有后代。

◎ 李世民有句名言:以铜为镜,可以正衣冠。以史为镜,可以知兴替。以人为镜,可以明得失。

第7集 怎么变成吐槽大会了

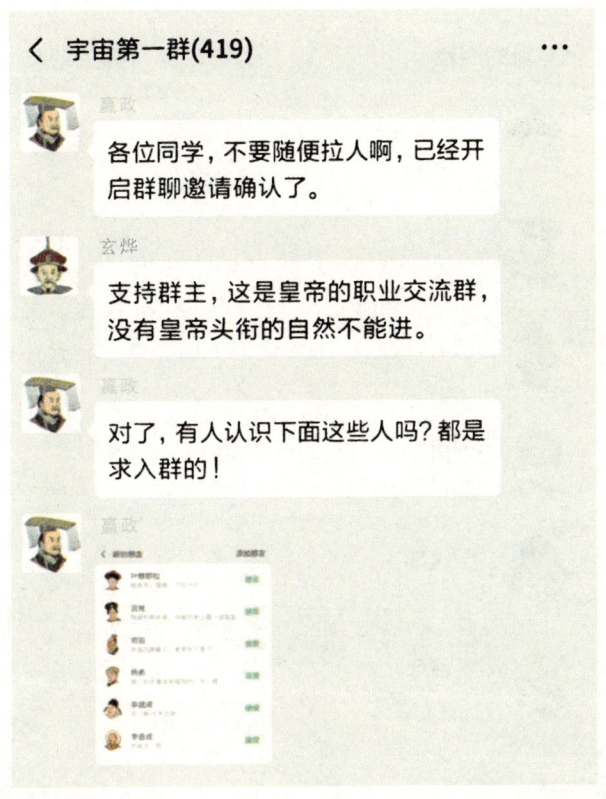

秦始皇收到的加好友申请如下:

| ‹ 新的朋友 | 添加朋友 |

叶赫那拉
政哥哥，理我一下好不好   接受

吕雉
我是刘邦老婆，也是历史上第一位皇后   接受

项羽
我是西楚霸王，老哥给个面子   接受

杨勇
杨广的位子本来是我的，求入群   接受

李建成
求入群PK李世民   接受

李自成
大佬求入群   接受

———— 涉及的知识点 ————

◎ 秦朝没有立皇后，因此吕雉是历史上第一位皇后。

第7集 怎么变成吐槽大会了

宇宙第一群(419)

载淳
政哥,叶赫那拉就是我母后。

嬴政
呃……今天她疯狂加我好友,差点想把她拉黑了!

刘邦 Bond
怎么我老婆也想进来……

刘邦 Bond
对了老哥,你的阿房宫是项羽烧的。

嬴政
你对我大秦搞的事情不比项羽少,别以为我不知道!

刘邦 Bond
大哥英明,小弟佩服!

宇宙第一群(419)

曹操
群主果然大气魄,这等事情都能释怀。

朱元璋
时间果然是治愈伤口最好的良药,罢了罢了,兴衰更替,自有天数……

福临
朱先生能这么想,实在是本群之福!🙏

萧衍
恩怨荣辱,俱归尘土。
国仇家恨,化作烟云。
阿弥陀佛,善哉善哉!🙏

弘历
哇噻,气氛烘托到这里,好想请大家吃一顿满汉全席。

涉及的知识点

◎ 萧衍,南北朝时期梁朝的创始人,也是萧何(刘邦的相国)的后代。萧衍在位期间曾多次出家为僧,是一位虔诚的佛教徒。所以南朝佛教盛行，有很多寺庙，"南朝四百八十寺，多少楼台烟雨中"，说的就是这种情景。

◎ 满汉全席，是清代的宫廷盛宴，是集满族与汉族菜肴特色和精华而形成的历史上最著名的中华大宴。满汉全席既有宫廷菜肴的特色，又有地方风味之精华，是中华菜系文化的瑰宝和最高境界。满汉全席上的菜一般至少有108种（南菜54道和北菜54道）。

第8集
最怕吃货有文化

有文化的吃货，是一道怎样的风景……

< 宇宙第一群(419)　　　　　　　···

曹操

群主果然大气魄，这等事情都能释怀。

朱元璋

时间果然是治愈伤口最好的良药，罢了罢了，兴衰更替，自有天数。

福临

朱先生能这么想，实在是本群之福！🙏

萧衍

恩怨荣辱，俱归尘土。
国仇家恨，化作烟云。
阿弥陀佛，善哉善哉！🙏

弘历

哇噻，气氛烘托到这里，好想请大家吃一顿满汉全席！

段誉

这画面莫名感动，都有点《天龙八部》的感觉了。

萧衍

要不我们把踢出群的都拉回来吧！

刘邦 Bond
我去拉胡亥吧,我找子婴要下他微信号。

 赵昚
那我去拉下赵构爸爸。

 李嗣源
我女婿也拉进来?

 嬴政
连胡亥这逆子都拉了,也不差他一个!

刘邦知道嬴政去拉胡亥有点拉不下面子,所以就主动跳出来了。

---- 涉及的知识点 ----

◎ 刘邦率兵入关之后,子婴投降刘邦,秦朝灭亡(他们在同一时空见过面,找子婴应该能要到胡亥的微信)。

◎ 赵昚是赵构的养子,赵构后来禅位给了赵昚。

◎ 李嗣源是石敬瑭的岳父（石敬瑭在第3集被移出了群）。

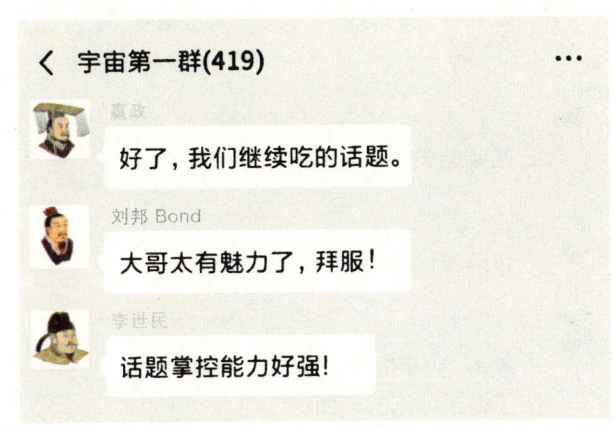

于是，曹丕顺势抛出了吃火锅的话题。

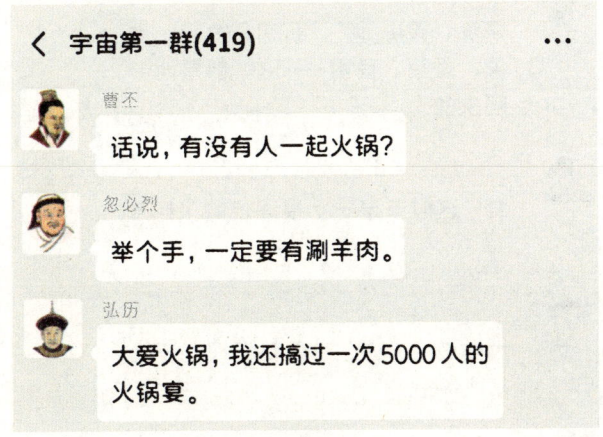

朱高炽
有吃的活动带上我!✋

 朱棣 Judy
吃吃吃,就知道吃,看你都胖成啥样了!👺

 赵匡胤
哈哈哈哈,看来群里有不少吃货嘛。

 嬴政
真羡慕你们,有那么多好吃的。

 刘彻
政哥,我派张骞出使西域,他带回来了很多好吃的东西。

 嬴政
哦?带回来啥了?

 刘彻
核桃、黄瓜、石榴、大蒜、香菜、蚕豆、苜蓿……这些都是他带回来的。

 朱棣 Judy
棒,这应该是史上最强代购了!👍

 溥仪
太神奇了,这些东西我们现在还经常吃……

刘彻

还有豆腐和豆浆，是淮南王刘安发明的。

弘历

厉害厉害，没想到大佬的时代对美食贡献那么大！

涉及的知识点

◎ 据记载，三国曹丕时期已有铜制火锅的出现。

◎ 涮羊肉的出现，据说跟忽必烈有关。

◎ 朱高炽是一个吃货，因为太过肥胖，朱棣曾督促他减肥，然而没有效果。朱高炽是个有能力的好皇帝，和儿子朱瞻基一起创造了仁宣之治，可惜在位不到一年。

◎ 秦朝时期菜的种类少，很多我们现在司空见惯的食物，当时都还没有（比如辣椒、番茄、西瓜、豆腐等）。

◎ 汉武帝派张骞出使西域，带回来了很多食物，比如核桃、黄瓜、石榴、大蒜、香菜、蚕豆、苜蓿等。2000多年后的今天，这些还是我们的日常食物。

◎ 豆腐和豆浆，相传是淮南王刘安发明的。

◎ 汉代是中国饮食文化的一个重要时期，食物种类的增加也促进了汉朝的人口增长。

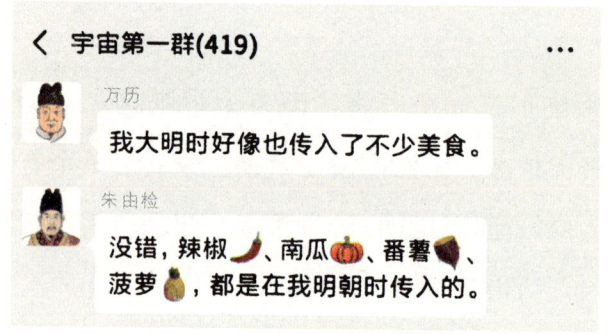

宇宙第一群(419)

万历
我大明时好像也传入了不少美食。

朱由检
没错，辣椒🌶、南瓜🎃、番薯、菠萝，都是在我明朝时传入的。

溥仪
嗯嗯，明清也是食物传入的高峰期，还有土豆🥔、玉米🌽、花生🥜、番茄🍅，也是这一时期传入的。

李世民
这几样是真的牛，对后世的影响可谓巨大！

王莽
嗯呐，趣哥在知识点里给大家科普一下吧！

 玄烨
趣哥是谁？

 刘秀
楼上是不是串频道了！@王莽

这里来一段硬科普……

—— 涉及的知识点 ——

◎ 明清是食物传入我国的高峰期，清朝人口从顺治时期的几千万增加到乾隆时期的3亿，番薯、玉米、土豆等高产作物对养活大量激增人口起到了重要作用，以至于有人把康乾盛世称为"番薯盛世"。

◎ 很多食物从其名字就能看出外来的痕迹,尤其是带"胡""番""洋"这几个字的,比如胡萝卜、番薯、番茄、番石榴、番木瓜、洋芋等。

◎ 辣椒对中国菜系中的川菜和湘菜影响很大。

宇宙第一群(419)

赵匡胤
各位大佬太厉害了,吃都能聊出这么多知识点。

嬴政
我太羡慕后面的王朝了,吃的比我们要丰富多了。

刘邦 Bond
羡慕!+1

玄烨
哈哈哈哈,能让政哥羡慕可不容易呀!

王莽
好想穿越到后世朝代去大吃一顿!

王莽
然后再拍个系列视频,《舌尖上的宋朝》《舌尖上的明朝》……

刘秀
楼上思想太前卫,完全跟不上!

宇宙第一群(419)

曹操
话说吃饭怎么能没有酒呢?对酒当歌,人生几何……
喝完酒下半场还可以去唱歌!

高纬
唱歌我喜欢,先报个名!

李存勖
报名 +1

李煜
报名 +1,曹老师我们可以切磋一下诗词。

李隆基
唱歌可以来我们梨园哈,群里的小伙伴一律打 7 折。

李隆基
我还认识一位大诗人李白,超级爱喝酒,来的话可以介绍你们认识一下。@曹操

弘历
两位老师,我也想和你们切磋一下诗词。@曹操 @李煜

曹操
呃,请不要侮辱切磋这个词好吗?

李煜
呃,请不要侮辱切磋这个词好吗?

赵佶
哈哈哈哈,心疼楼上一秒!@弘历

赵眘
拉了赵构爸爸入群,群主有时间通过一下哈!

〈　宇宙第一群(419)　　　　　…

弘历
赵老师,要不我们探讨一下书画吧?@赵佶

第 8 集　最怕吃货有文化

赵佶
……

弘历
我是资深文艺青年,也是印章爱好者,我们应该有蛮多共同话题的。

赵佶
你看看你在名画上盖的章,我们完全是两种类型好吗?😓

陈叔宝
除了盖章,楼上还疯狂发弹幕。@弘历

萧衍
你看看王羲之的《快雪时晴帖》,被你糟蹋成什么样子了……😓

李煜
《快雪时晴帖》只有28个字,你却发了上万字的弹幕……

刘秀
@王莽 你的舌尖上系列可以找@弘历 发弹幕!

弘历
……

趣说中国史

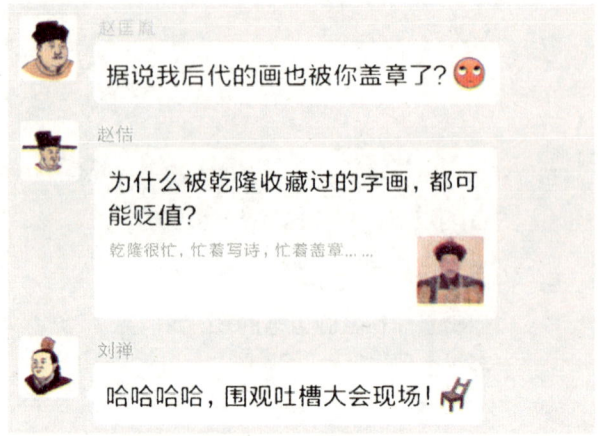

涉及的知识点

◎ 乾隆和宋徽宗（赵佶）都是文艺青年，也是印章的爱好者。宋徽宗在名画上盖章很克制，但乾隆有1800多个印章，有时会在喜欢的画上盖几十个章。

◎ 东晋书法家王羲之的《快雪时晴帖》只有28个字，却被乾隆写了上万字的读后感（这操作就像我们看视频的时候发弹幕，只是乾隆发的弹幕关不了）。

◎ 赵孟頫是元初的大画家，也是宋太祖赵匡胤的后代。乾隆爷视赵孟頫为偶像，所以，赵孟颙的画作也被乾隆盖章并写了读后感。

看到儿子被吐槽，低调的雍正也出来了。

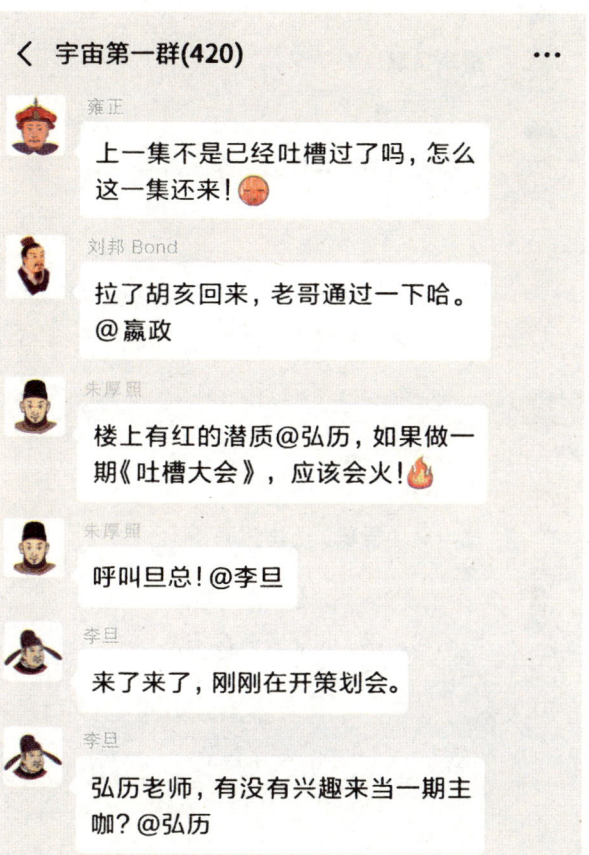

刘禅配的音乐太贴切了啊。

――――涉及的知识点：――――

◎ 乾隆自我总结一生有十全武功，所以自称十全老人，十全武功指的是乾隆时期发生的10次重大军事行动。

◎ 雍正是一位非常勤奋的皇帝，在工作之余喜欢扮演各种角色的人物，并且让宫廷画师画下来，所以雍正在网络上被戏称为中国"cosplay（角色扮演）鼻祖"。

◎ 除了雍正以外，乾隆和慈禧也有过cosplay，只是没有雍正玩得出名。

＜ 宇宙第一群(422)　　　　　　　…

李嗣源邀请 石敬瑭加入了群聊

慕容冲
看起来好好玩的样子，我也想玩一把！

趣说中国史

李存勖
本群颜值最高的上线了。

杨广
楼上可以试一试女装打扮，估计会大火！🔥 @慕容冲

刘邦 Bond 邀请 胡亥 加入了群聊

苻坚
凤皇，好久不见，最近好吗？

等了一会儿没见回复，苻坚向慕容冲发了好友申请……

慕容冲选择无视，并拉黑了苻坚……

涉及的知识点

◎ 慕容冲，字凤皇，以长相俊美著称，中国古代十大美男之一。淝水之战后，把前秦皇帝苻坚赶出了长安城。

群主嬴政逐个通过了加群申请，然后大家提议选管理员。

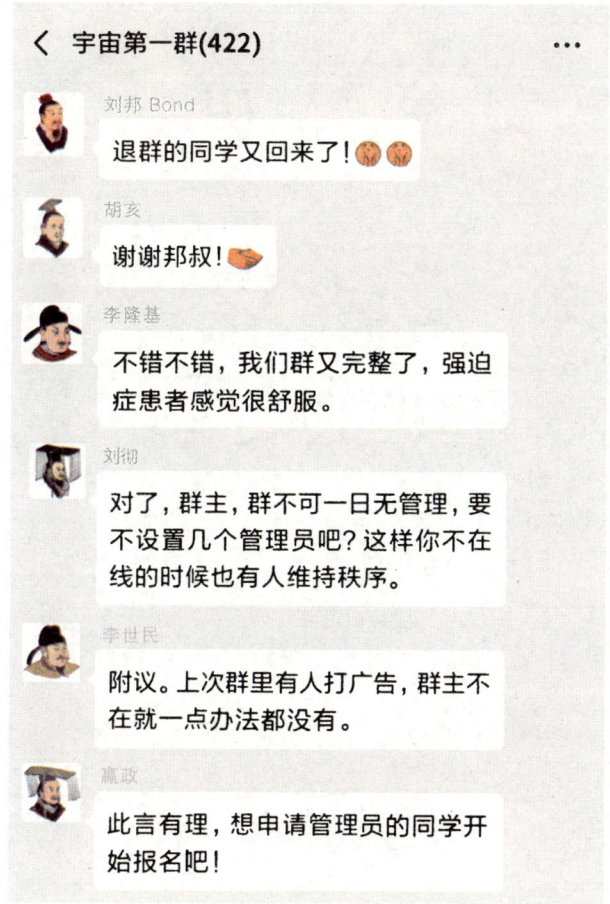

所以，下一期的管理员选秀，会采用什么形式呢？

第9集
管理员之争

> 这么多位皇帝在一个群里,简直犹如神仙打架。那么,谁应该当管理员呢?

第9集 管理员之争

< 宇宙第一群(422)　　…

刘邦 Bond
退群的同学又回来了！

胡亥
谢谢邦叔！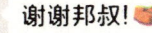

李隆基
不错不错，我们群又完整了，强迫症患者感觉很舒服。

刘彻
对了，群主，群不可一日无管理，要不设置几个管理员吧？这样你不在线的时候也有人维持秩序。

李世民
附议。上次群里有人打广告，群主不在就一点办法都没有。

嬴政
此言有理，想申请管理员的同学开始报名吧！

胡亥
父皇，竞选管理员工作繁重，需不需要儿臣为您分忧？

165

嬴政

你给我闭嘴,很不想看到你说话!

 赵匡胤

对了群主,是不是统一改下群昵称?这样比较好认。

 嬴政

没问题,我改下群公告。

 嬴政

@所有人 大家改下群昵称,格式:谥号、庙号或年号+姓名

 嬴政

各大王朝创始人麻烦通知一下你们的后代。

 汉高祖-刘邦

收到!

 唐太宗-李世民

收到!

 宋太祖-赵匡胤

为了通知方便,看来有必要建个大宋分群。

第9集 管理员之争

洪武·朱元璋
群主，明朝之后就用年号+姓名来标注了哈?!

嘉政

OK

朱厚照
@唐太宗-李世民 贵朝创始人不是@李渊吗？

唐高祖·李渊
咳咳，我儿子出面等于我出面。

唐太宗·李世民
@朱厚照 有你什么事？

唐高宗·李治
@朱厚照 就你多管闲事，请改下群昵称，谢谢！！

正德·朱厚照
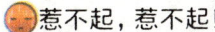 惹不起，惹不起！

万历·朱翊钧
群主，改好了。

167

雍正-胤禛
改好了。

咸丰-奕詝
改好了。

嬴政
好呢。管理员竞选同步进行吧,报名继续……

嬴政
后世有作为的小朋友都可以报名展示一下,每个王朝的创始人都秀下才艺吧!

刘禅
哇……有好戏看了,这竞争,估计比抢皇位还激烈!

嬴政
@刘禅 小刘,改下群昵称!

三国-刘禅
嗯嗯,改好啦!

三国-刘禅
(搬个小板凳,准备看好戏)

19:28

三国-曹丕
(最怕空气突然安静)怎么大家突然变得这么谦让了!

中国人在聚会的时候，都会经历一段尴尬而又不失礼貌的阶段。比如谁最先坐下，谁先夹第一筷子菜……在相互谦让的氛围下，就会陷入短暂的沉默状态。曹丕毫无疑问深谙这一点，看到几分钟都没有人报名，他忍不住回了一句。

涉及的知识点

◎ 汉献帝刘协被曹丕接管以后，"主动"求曹丕接手传了400多年的汉家江山，曹丕推让了三次，最后才"勉强"接受禅让（这情形跟小时候拿长辈红包是不是很像，嘴上说着不要，身体却很诚实）。

< 宇宙第一群(422)　　　　…

汉高祖·刘邦
咳咳，群里除了政哥，数我年龄最长，那我先报个名吧！

汉高祖·刘邦
我汉家子孙有大作为者，都出来报一下名！

汉文帝-刘恒
紧跟老爹步伐，我和我儿子@汉景帝-刘启 创造了群里第一个盛世，报名！+1

乾隆-弘历
还可以以组合形式参选？那我和我爷爷也报一个！

洪武-朱元璋
大位之争，各凭本事，不能捆绑的吧！

洪武-朱元璋
作为大明的开创者，我也报个名先。

南朝-宋武帝-刘裕
我也来凑个热闹，报名 +1

嬴政
大家不要急，按时间顺序来哈！

涉及的知识点

◎ 文景之治是中国帝制时代的第一个盛世，为后来汉武帝北击匈奴、开疆拓土打下了坚实的基础。

第9集 管理员之争

宇宙第一群(421)

嬴政
汉朝还有没有人报名了?

19:32

刘彻

怎么能少了我!

刘彻
政哥,加我一个,后世有人把我们并称秦皇汉武。

汉宣帝-刘询
@刘彻 曾爷爷,告诉您一个好消息。匈奴后来入朝称臣,西域诸国也纳入大汉版图了。

刘彻
好曾孙,干得漂亮!
你中兴汉室有功,也来报个名吧!

嬴政
呵呵 @刘彻

嬴政 将刘彻 移出了群聊

就在大家聊得热火朝天的时候，刘彻被移出了群聊。

---- 涉及的知识点 ----

◎汉武帝雄才大略，开创了中国历史上很多个"第一"，他开辟了丝绸之路，开疆拓土把西汉的疆域扩大了整整一倍。汉武帝后期，因为连年用兵等原因，国力损耗巨大，"海内虚耗，户口减半"，西汉王朝陷入了危机。

◎ 所幸汉武帝之后的汉昭帝和汉宣帝都很优秀,逐渐扭转了西汉衰退的趋势。到了汉宣帝时期,匈奴单于率众入朝向汉朝称臣。汉匈之间100多年的龙争虎斗,最终以汉朝取得胜利告终。后来,西汉疆域进一步扩大,西域诸国也纳入汉朝版图。

然后,嬴政收到了一条私聊。

涉及的知识点

◎ 汉武帝晚年曾下《轮台罪己诏》，反省自己的错误。

身在此群，认错实属不易，于是嬴政把刘彻重新拉回了群聊。

作为与汉朝并称的朝代，看到汉朝这么出风头，李世民心里不免有些酸溜溜。

> **〈 宇宙第一群(422)**   ···
>
> 唐太宗·李世民
> 可惜啊，汉宣帝之后仅仅50多年，西汉就被人取代了。
>
> 新朝·王莽
> 低调路过一下，我就是取代西汉的那个男人！😳
>
> 汉光武帝·刘秀
> 王莽没啥能耐，40多万大军打不过我不到2万人，还好意思在这里炫耀！👎

汉更始帝·刘玄
篡汉老秃驴,信不信我们绿林军再灭你一次!

 汉光武帝·刘秀
各位祖宗放心,大汉的国祚又被我接上了。

 新朝·王莽
你这么优秀,你家里人知道吗!

 汉景帝·刘启
秀儿好棒!👍👍👍
家里人都知道你很优秀!

 汉高祖·刘邦
你既是中兴之主,又是开国之君,可以说是一枝独秀。管理员之位,你也来报个名吧!

 汉明帝·刘庄
老爸是天选之子,支持老爸!

 汉章帝·刘炟
爷爷是帝中之秀,支持爷爷!

 汉光武帝·刘秀
谢谢各位家人的支持,报名! +1

涉及的知识点

○ 汉宣帝之后,西汉开始走下坡路。50多年后,王莽篡汉,建立新朝。

○ 刘秀是汉景帝的六世孙,被称为"位面之子"。在昆阳之战中,刘秀以不到2万人的兵力打败了王莽40多万大军。不久之后,刘玄的绿林军攻入长安,新朝灭亡。之后,刘玄被赤眉军和刘秀所灭。

○ 绿林军是中国历史上著名的起义军之一,刘秀也曾投奔到绿林军旗下。大家熟悉的"绿林好汉"这个叫法,也是源自这里。

○ 刘秀建立东汉,既是开国之君,又是中兴之主,几乎没什么被人诟病的地方,称得上是一枝独秀。而且很多成语的主角都是他,比如推心置腹、乐此不疲、得陇望蜀等。

看到刘秀这么优秀，作为老对手的王莽自然要反驳几句。

宇宙第一群(422)

新朝·王莽

东汉开局是厉害，中后期却是弱者了。连续 10 个皇帝都是小孩子，请问你们是怎么做到的？

汉质帝·刘缵

老爷爷你欺负人！
我只是个 8 岁大的孩子！😭

汉冲帝·刘炳

我只是个两岁大的孩子！😭😭

汉殇帝·刘隆

我只有一岁！😭😭😭

汉献帝·刘协

太过分了！！

汉献帝·刘协

虽然我们小孩子多，国祚好歹也延续了 195 年。你的新朝嘛，给你个眼神自己体会……🍊

汉光武帝·刘秀

怼得漂亮，谁说我们东汉无人！

新朝·王莽

除了你和刘协，你们还有其他牛人吗？刘协还是蹭的《三国演义》的流量。

汉献帝·刘协

那也好过新朝一世而亡。

新朝·王莽

挟天子以令诸侯的滋味爽不爽？@汉献帝-刘协

汉献帝·刘协

这个问题你@错人了！

三国·曹操

是奉天子以令不臣，王莽你说话注意点！

新朝·王莽

打字太快没控制住！(尴尬又不失礼貌的微笑)

三国·曹操

至于爽不爽……说不爽吧……有点假，大概有那么一点儿吧！

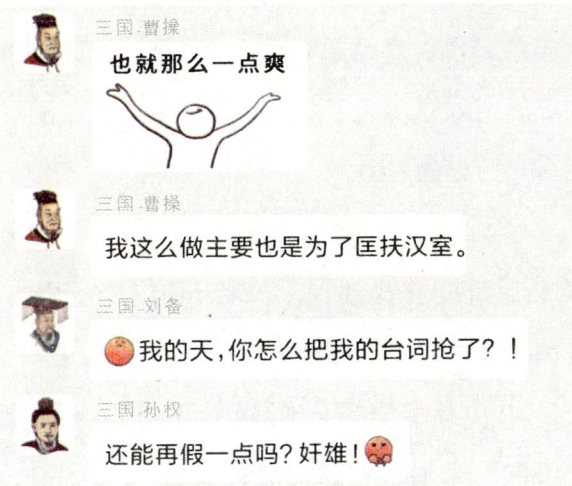

涉及的知识点

○ 东汉的前三位皇帝（刘秀、刘庄、刘炟）在位期间，是国势上升期。刘秀开创了光武中兴，他的儿子刘庄（汉明帝）和孙子刘炟（汉章帝）共同开创了明章之治。

○ 东汉是一个外戚和宦官竞相争权的朝代，也是一个盛产娃娃皇帝的朝代。汉章帝之后，继位的几乎全是小娃娃皇帝，平均登基年龄只有八九岁。中国寿命最短的皇帝中，东汉有好几位。比如：

登基时刚满百天、一岁夭折的汉殇帝刘隆，是继位年龄最小、寿命最短的皇帝；还有只活了8岁的汉质帝刘缵和活了两岁的汉冲帝刘炳（侧面说明真实历史的残酷）。

◎ 谋士毛玠向曹操建议："奉天子以令不臣，修耕植，蓄军资，如此则霸王之业可成也。"但是，1000多年来，人们更愿意用"挟天子以令诸侯"来形容曹操的这种行为。

< 宇宙第一群(422)　　　　…

新朝·王莽

曹老弟，你是三国的风云人物，知名度超过前面不少汉朝能人，咋不报个管理员？@三国-曹操

三国·曹丕

王老师有眼光，我老爹不仅是一代枭雄，还是一代大文学家，可以说是文体全能了。

三国·曹操

哈哈哈哈，承蒙王兄抬爱，感谢感谢！🙏
群里大佬云集，那我报名凑个数吧！

三国·孙权
笑得好有内涵……

新朝·王莽
总觉得跟你们爷儿俩很投缘，大概是因为我们都是大汉的终结者吧！

三国·曹丕
终结者，这名字我喜欢。

新朝·王莽
干脆我们组个终结者联盟吧。

三国·曹操
别拉上我哈！

五代·朱温
大佬，拉我一个！

涉及的知识点

○ 王莽，是西汉的终结者；曹丕，是东汉的终结者；朱温，是唐朝的终结者。

看到王莽和曹丕在群里炫耀篡汉，汉朝诸帝的内心分外不是滋味……

此时，不太起眼的汉元帝出手了……

宇宙第一群(422)

三国·曹丕
插播问一下，群里有人脱发吗？最近饱受发际线困扰！

新朝·王莽
脱发+1，我也在为发际线烦恼！

汉元帝·刘奭
知道你们为什么脱发吗？

三国·曹丕
为啥？

新朝·王莽
姑父，你知道原因？

汉元帝·刘奭
篡我强汉者，虽远必秃！

新朝·王莽

吐血

三国-曹丕

吐到倒地不起

 汉武帝-刘彻

哈哈哈哈,这一波怼得漂亮!👍👍

 汉光武帝-刘秀

优秀,这个反击厉害!

 五代-朱温

楼上的,西汉就是从你手里开始衰落的吧!@汉元帝-刘奭

 三国-曹丕

元帝是个好人,可惜不是个好君。

 万历-朱翊钧

也就是说,西汉之亡,实亡于元帝?

 汉元帝-刘奭

……

 新朝-王莽

姑父,民国有位史学大家也说:汉室盛衰,当以宣、元为界。

汉元帝·刘奭
听不懂你在说什么,感觉不是一个时代的!🍊

———— 涉及的知识点 ————

◎ 史书上记载,王莽和曹丕都有脱发的困扰,并且都为发际线做出过努力。

◎ "明犯强汉者,虽远必诛",这句历史上极为霸气的话,是西汉名将陈汤在给汉元帝刘奭的上疏中说的(所以安排刘奭来怼比较合适)(很多人可能会误以为这句话出自汉武帝时期,其实是汉元帝时期)。

◎ 然而,刘奭性格柔弱,导致皇权势微,西汉开始由盛转衰。他的皇后是王政君,王政君是王莽的姑姑,最后外戚王莽终结了西汉。近代史学大家吕思勉曾说:汉室盛衰,当以宣、元为界(宣:汉宣帝;元:汉元帝)。

第10集
复仇者联盟

在上一集的最后,汉元帝怒斥王莽和曹丕:
"篡我强汉者,虽远必诛!"

然后，嬴政在群里更新了报名情况。

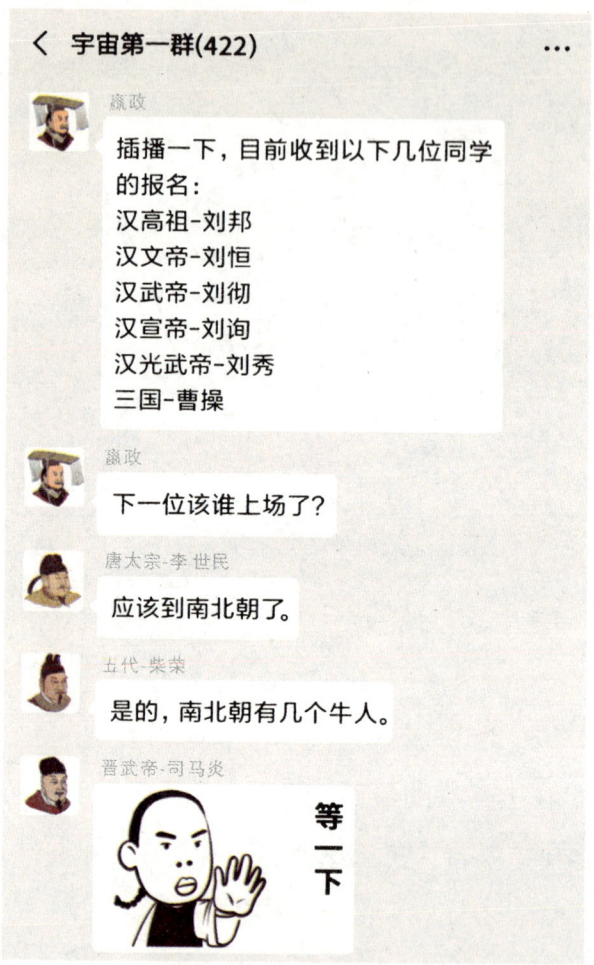

晋武帝-司马炎
不是该到我们晋朝了吗？

晋文帝-司马昭
是啊，割据一方的曹魏都可以报名，我儿子创建的好歹是大一统王朝。

新朝-王莽
恕我直言，我没见过这么弱的大一统……

三国-曹丕
那晋朝就直接忽略吧，下一个！

晋文帝-司马昭
弱？我们可是三国笑到最后的人。顺便说一句，鄙视楼上两位！😡😡 支持 @ 汉元帝－刘奭

晋武帝-司马炎
鄙视楼上两位！😡😡 支持 @ 汉元帝－刘奭

晋元帝-司马睿
鄙视楼上两位！😡😡 支持 @ 汉元帝－刘奭

三国-曹叡
要不是司马懿待机时间长，哪有你们笑的份儿。👎👎

看到上一集中曹操报了名，司马家也想竞争管理员。于是，曹魏和司马开启了一波互怼。

──────── 涉及的知识点 ────────

◎ 三国时期，大神云集。司马懿凭借着在职时间长，成功熬死曹操、曹丕、曹叡祖孙三代，也熬死了几乎所有劲敌。在高平陵之变中，一直蛰伏的司马懿，趁着曹氏集团离开都城到高平陵祭祖，发动政变控制了京都，从此曹魏的大权落入司马氏手中。

◎ 经过司马懿、司马师、司马昭、司马炎三代四人的努力，司马炎建立了晋朝，三国也归于一统。东汉末年分三国，优秀的武将比比皆是，厉害的谋士层出不穷，司马家成了笑到最后的人。

◎ 然而，在所有大一统的王朝中，西晋的存在感很低，甚至可以被忽略不计，只维持了很短时间的统一。不久之后的八王之乱和永嘉之乱，导致了之后200多年的战乱和分裂。

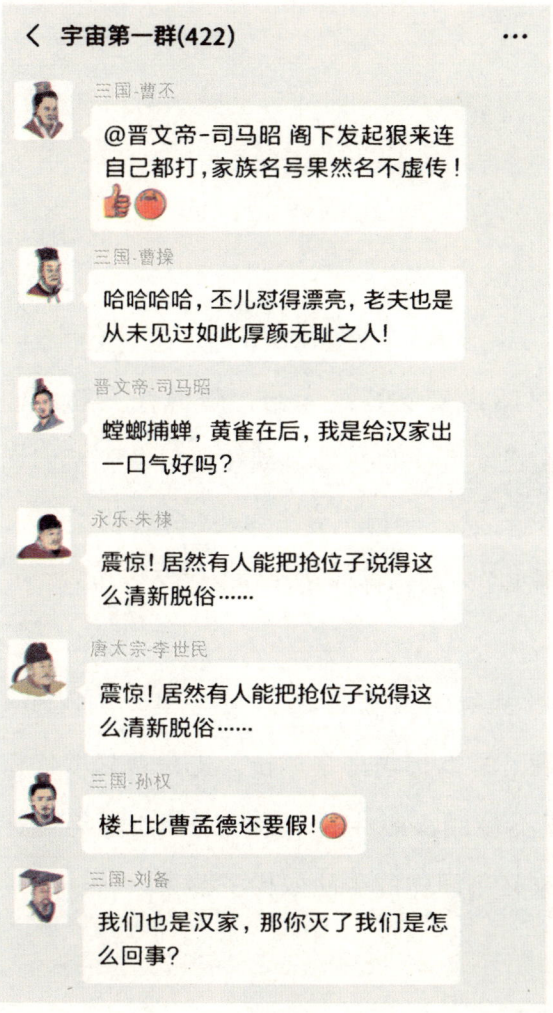

司马昭说给汉家出一口气,有博取好感的嫌疑。在第1集中,朱棣被人嘲讽"把抢位子说得清新脱俗",而这次连朱棣都有点儿看不下去了。

---- 涉及的知识点 ----

◎ 司马昭借着支持汉元帝,暗讽曹丕篡汉,但他自己实际上也想着篡魏(所以曹丕嘲讽司马昭发起狠来连自己都打)。"司马昭之心,路人皆知",这句话流传至今。

◎ 螳螂捕蝉,黄雀在后。在这里,东汉是蝉,曹魏是螳螂,司马是黄雀。先是曹魏取代东汉(曹丕接受汉献帝禅让称帝),40多年后,司马家又用同样的手法取代了曹魏。

◎在群聊中，司马昭话说得好听，说是给汉家出一口气。然而，刘备是汉室后裔，他建立的蜀汉是被司马昭所灭（所以刘备跳出来嘲讽了一下司马昭）。东吴是在晋朝建立之后被灭的，司马昭的儿子司马炎建立西晋后，灭了东吴。

宇宙第一群(422)

宣统-溥仪
说来也是神奇,晋灭蜀汉之后,后面国号"晋"的朝代,都被姓刘的同学灭了。@ 十六国 – 刘聪 @ 南朝宋 – 刘裕 @ 五代 – 刘知远

十六国-刘聪
我打败了西晋,俘虏了两位晋帝。

宋徽宗-赵佶
这画面莫名有点儿熟悉。🍎

隋文帝-杨坚
北方自此就进入十六国时期了。

南朝宋-刘裕
后来我终结东晋建立南朝宋,开启了南北朝时代。

五代-刘知远
还有一个后晋,是被我们后汉取代的。

三国-刘禅
棒,历史果然比小说还要精彩!

第10集 复仇者联盟

宣统-溥仪
而且,带领百官逼晋帝禅位的,是曹魏的子孙。

南朝宋-刘裕
没错,是陈留王。@曹虔嗣

南朝宋-刘裕
噢,他没在群里。

三国-曹奂
哈哈哈哈,原来我的陈留王国时间比晋的国祚还要长……

三国-曹髦
天道好轮回啊,苍天饶过谁!

新朝-王莽
哇噻,汉魏晋三家的恩恩怨怨,简直可以拍一部《复仇者联盟》了。

涉及的知识点

◎ 有一个很神奇的现象,蜀汉被司马昭灭掉之后,后来出现的国号"晋"的王朝,都被姓刘的人士灭掉了。刘聪灭掉了西晋,晋室南迁,司马睿在南方建立东晋。100多年后,东晋又被刘裕终结，南北朝时期正式开始。500多年后，又出现了一个后晋（石敬瑭创立），还是被姓刘的人士所取代（刘知远取代后晋建立后汉）。

○ 刘聪灭西晋过程中，先后俘虏了两位晋朝皇帝（另外一次两位皇帝被俘虏，是北宋末年的宋徽宗和宋钦宗）。西晋灭亡之后，中原大乱，大量的人口逃往南方，史称衣冠南渡。司马睿在南方建立东晋，定都建康（今南京），而北方则进入了混乱的十六国时期。

○ 司马炎建立西晋后，把魏国最后一任皇帝曹奂封为陈留王。让人不可思议的是，后代陈留王们不仅见证了西晋和东晋的灭亡，而且陈留国的持续时间比西晋、东晋加起来的存在时间还要长。东晋末年，当时的陈留王曹虔嗣带领百官逼晋帝禅位给刘裕，也算是报了150多年前的一箭之仇。

奇怪的是，群里聊晋朝聊得如火如荼，作为奠基人的司马懿却始终没有出现……

〈 宇宙第一群(422)　　　　…

19:20

 三国·曹丕

群里聊得不可开交，怎么也没见司马懿出来？

他究竟干吗去了呢？

原来他默默拉了一个家族群……

司马家族董事会(18)

"司马懿"邀请"司马昭"加入了群聊

"司马懿"邀请"司马炎"加入了群聊

"司马懿"邀请"司马睿"加入了群聊

司马昭
父亲，群里的管理员竞选，我们要不要也参与一下？

司马懿
嗯，自然是要的。

司马昭
父亲这边有何安排？

司马懿
我们可以把炎儿推出来，昭儿你从旁掩护。先讽刺一下曹魏，再以为大汉出气的名义抱汉朝大腿，或许大事能成。
其他人瞅准机会站队造势，给晋朝来一波存在感。

司马昭
父亲英明，孩儿这就去办！👊

司马炎
爷爷好厉害，孙儿佩服！👍👍👍

第10集 复仇者联盟

司马懿号称冢虎,性格隐忍,善于蛰伏。虽然他在宇宙第一群里没有说话,但早就在家族群里开始了部署。

他的策略是,先讽刺曹魏割据一方来反衬晋朝的大一统,再以为汉朝出气的名义抱汉朝的大腿。曹魏代汉是汉朝的心结,如果能压一下曹家的气势,再获得汉朝诸帝的好感,或许在管理员竞选上,司马家也能赢了曹家。

司马氏在历史上取代了曹魏,在管理员竞选上也想胜过曹家。司马懿在家族群里分好工后,几位司马家的成员就在宇宙第一群里造势了。于是,便有了前面的群聊内容。

不知不觉间,话题被带偏……
晋朝也刷了一波存在感……

< 宇宙第一群(422)　　　···

唐太宗-李世民
话说我们不是报名管理员吗？怎么话题被带偏了！

三国-曹丕
对哦，不知不觉猛聊了一波晋朝。

嬴政
按照时间线的话，下一位到谁了？

晋武帝-司马炎
群主，我想报个名！

晋惠帝-司马衷
支持老爸！

隋文帝-杨坚
西晋虽然短暂统一，但之后是将近300年的分裂和战乱……

唐太宗-李世民
前面100多年是十六国，这段时期北方的汉人太可怜了，这可是建立过雄秦强汉的汉民族啊！

宋太祖-赵匡胤
这一段走心了！

◎ 西晋灭亡之后，**潘多拉魔盒被打开**，中原大地开始了将近300年的乱世。先是100多年的东晋十六国（北方是十六国，南方是东晋），在刘裕代东晋自立之后，历史进入南北朝时期。

◎ 这段时期，王朝更替频繁，英雄人物辈出，却也是令汉人难以承受之重的时代。

◎ 司马衷，司马炎的儿子，据说智商偏低。

宇宙第一群(422)

新朝·王莽
群主息怒,我记得陈寅恪说过一个观点,稍等我找找原文。

19:25

新朝·王莽
找到了!😫
"取塞外野蛮精悍之血,注入中原文化颓废之躯,旧染既除,新机重启,扩大恢张,遂能别创空前之世局。"

唐太宗·李世民
是的,后面我们又开创了盛唐。

19:28

嬴政
刚刚我差点儿情绪失控。

涉及的知识点

○ 关于大唐崛起的原因,陈寅恪有个观点:"取塞外野蛮精悍之血,注入中原文化颓废之躯,旧染既除,新机重启,扩大恢张,遂能别创空前之世局。"

○ 经过几百年的大纷争和大融合,原本开始颓废的汉文化重新焕发了新的生机,于是有了后面的盛世大唐。

看了陈寅恪的观点,嬴政的情绪慢慢平复了下来,转而开始好奇这200多年有没有出过几个大牛人。

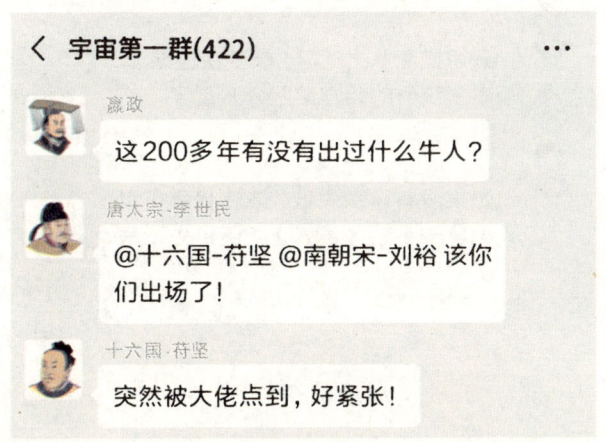

趣说中国史

---- **涉及的知识点** ----

◎ 十六国时期，前秦的苻坚堪称一代雄主，在宰相王猛的辅佐之下，前秦国力强盛，苻坚第一次实现了一统北方。王猛去世前曾劝苻坚

不要攻打东晋，先解决好内部的问题。但是，苻坚终究没有听王猛的建议。公元383年，苻坚率师百万伐晋，却被谢安在淝水打得大败。前秦快速崩盘，原本归附前秦的国家和势力，纷纷趁机独立。不久之后，苻坚也被人灭掉了。

< 宇宙第一群(422)　　　　　…

南朝宋-刘裕
@十六国-苻坚 我也是好大的遗憾，你是南侵东晋失败，我是北伐中途有急事赶回！😭😂

十六国-苻坚
注意用词哦兄弟，是南征好吧？

宋高宗-赵构
刘老师的北伐确实霸气，想当年，金戈铁马，气吞万里如虎！🐯🐯🐯

洪武-朱元璋
@宋高宗-赵构 楼上的，你说这话不尴尬吗！🍊

宋高宗-赵构

永乐-朱棣
历史上北伐成功的案例极其少,我老爹算是一个吧。

 宋理宗-赵昀
萧相守关成汉业,
穆之一死宋班师。
赫连拓跋非难取,
天意从来未易知。
突然想起本朝陆游的这首诗,感觉挺适合刘老师。@南朝宋-刘裕

 南朝宋-刘裕
哈哈哈哈哈,被捧得都有点不好意思了! 那我报名凑个数吧。

 南朝宋-刘裕
不知道为啥,总觉得我跟南宋的小朋友很有缘。

 宋理宗-赵昀
可能因为我们的国号都是"宋"吧,而且都想收复中原,有代入感。

涉及的知识点

○ 历史上出现过很多次北伐(从南往北打),仅东晋就有好几次,刘裕的北伐一度收复洛阳、长安两都,这让同样想收复中原的辛弃疾不禁怒

赞:"想当年,金戈铁马,气吞万里如虎。"

◎只可惜,坐镇后方的刘穆之病死,刘裕忧虑后方,于是率师南归,停止了北伐。后来,陆游读到这一段的时候写了首诗:

> 萧相守关成汉业,
> 穆之一死宋班师。
> 赫连拓跋非难取,
> 天意从来未易知。

(萧何坐镇后方,使前线的刘邦少了后顾之忧,因而成就了汉朝的基业。同样是管理后方,刘穆之不幸病死,这使得正在北伐的刘裕不得不班师南归。其实赫连勃勃的夏和拓跋氏的北魏当时并不难取,只是谁知道坐镇后方的人居然突然就死了,真是天意难料啊!)

◎刘裕建立的宋和赵构建立的南宋,国号都是"宋",而且都在南方,都想恢复中原。然而,南宋的北伐不顺利，甚至让人心碎，所以辛弃疾、陆游等南宋诗人才会把情感投射在刘裕的北伐上。

◎ 历史上北伐成功的案例非常非常少，朱元璋的北伐算是一次。

⟨ **宇宙第一群(422)** ⋯

 北魏·拓跋焘
喂喂喂，什么叫"赫连拓跋非难取"，我们拓跋魏也很强的好吗？

 十六国·苻坚
阁下是？

 唐太宗·李世民
他是北魏太武帝，继你之后再次统一北方的男人。

 北魏·拓跋焘
刘裕我没碰上，他儿子可是被我打得大败。
"赢得仓皇北顾"了解一下……

 南朝宋·刘义隆

第10集 复仇者联盟

―――― 涉及的知识点 ――――

◎ 苻坚之后，北魏太武帝拓跋焘再次统一了北方，此时已经是南北朝时期。

◎ 刘裕和苻坚曾生活在同一时空。淝水之战的时候，45岁的苻坚是手握百万兵马的王者，20岁的刘裕还是一个一无所有的小兵，所以他们并没有碰上。刘裕和拓跋焘也曾在同一时空，刘裕驾崩的第二年，拓跋焘登基，所以这两大战神级人物也没有正面交锋。

◎ 拓跋焘碰上的是刘裕儿子刘义隆……刘义隆也曾北伐，还有过封狼居胥的小目标，却被战神拓跋焘打得大败。同样的一首诗中，辛弃疾吐槽刘义隆："元嘉草草，封狼居胥，赢得仓皇北顾。"

宇宙第一群(422)

北魏-元宏
支持高祖父,最棒!

19:36

北魏-拓跋濬
嗯……你是?

北魏-拓跋焘
我们大魏怎么改姓了?

三国-曹丕
不会是又一个司马氏吧?

北魏-元宏
是这样的,我进行了一场彻底的汉化改革,鲜卑人改穿汉服,说汉话,改汉姓……拓跋改成元姓了。

汉高祖-刘邦
哈哈哈哈,看来汉文化还是很强大的嘛。

宣统-溥仪
孝文帝改革是历史上的名场面!

宣统-溥仪
可惜后面分成了西魏和东魏,又被北周和北齐取代了。

三国-刘备
还真是分久必合,合久必分啊!

十六国-苻坚
后来北方是被谁再度统一了?

 北齐-高纬
此处应该@北周-宇文邕。

 五代-柴荣
此处应该@北周-宇文邕。

涉及的知识点

○ 北魏孝文帝拓跋宏（汉名元宏），是拓跋焘孙子的孙子。孝文帝进行了一系列汉化改革，让鲜卑人改穿汉服、说汉话、改汉姓等。拓跋姓也改成了汉姓"元"，所以孝文帝之后的北魏、西魏、东魏皇帝都姓元。北魏孝文帝改革在历史上很出名。

○ 北魏后来分裂成了西魏和东魏，宇文家取代西魏变成了北周，高家取代东魏变成了北齐。后来北周慢慢变得强大，宇文邕灭掉北齐，再次统一了北方。

过了一会儿,还是没看到宇文邕说话。

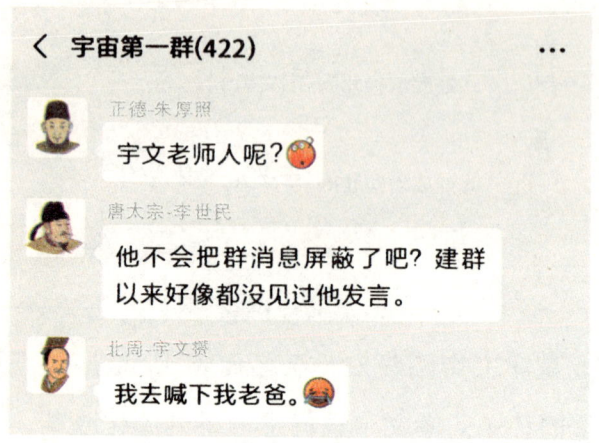

每个群都会有一些长期不看群信息的成员,宇文邕可能是本群其中之一吧。

过了一会儿,宇文老师上线了。

第10集 复仇者联盟

< **宇宙第一群(422)** ...

北周·宇文邕

北周·宇文邕

不好意思啊各位大佬,平常微信上得少。

五代·柴荣

宇文老师来了。

北齐·高纬

该你发言了！

北周·宇文邕

呵呵,还碰到个熟人！

十六国·苻坚

你能统一北方,看来也是个牛人！

北周·宇文邕

前辈过奖,除了自身努力,也靠同行衬托。@北齐-高纬

三国·刘禅

哈哈哈哈,忍不住笑出了声。

北齐·高纬

无语！

北周-宇文邕
如果不是他杀了兰陵王,我也没那么快把北齐打下来。

汉废帝-刘贺
这么做实在是太荒唐了。

南朝陈-陈叔宝
又是一个给对手送助攻的故事。

新朝-王莽
兰陵王可是十大美男啊,颜粉众多,你就不怕场外粉丝弄死你!@北齐-高纬

北齐-高纬
@汉废帝-刘贺 你居然说人荒唐,还有比这更荒唐的事吗?😂

三国-刘禅
哈哈哈哈笑死我了!😂😂

三国-刘备
是自家人,笑什么笑?

三国-刘备
不好意思啊各位,一不留神没看住……

--- 涉及的知识点 ---

◎宇文邕是一代英主,与之相反,高纬则是做什么都不出色。在同行的衬托之下,宇文邕很

快就灭掉了北齐，北方再度归于统一。

◎ 兰陵王高长恭是中国古代十大美男之一，也是北齐的名将，属于颜值高、业务能力还很强的那种人（此处趣哥有共鸣）。因为长得太过好看，他上战场时甚至要戴一个面具。后来，他因人气太高、功劳太大，被高纬猜忌，最后被毒酒毒死。

◎ 刘贺、陈叔宝二人在这里就是两个笑柄。刘贺以荒唐著称，在位27天做了1000多件荒唐的事情，被称为汉废帝。陈叔宝的表现并不比高纬好多少，也是一个通过荒废业务来给对手送助攻的皇帝，他的谥号是炀，隋炀帝的"炀"。

◎ 刘贺是西汉皇帝，刘备是汉室后裔（刘备自称中山靖王之后，致力于匡扶汉室，自然会觉得汉帝都是自家人）。

宇宙第一群(422)

 北周·宇文邕

要是老天再给我几年时间,我应该就能灭了弱小的陈朝一统天下了。可惜天不假年,时也,命也!

 南朝陈·陈霸先

我们陈朝招谁惹谁了!

 南朝陈·陈叔宝

能不能不要在前面加"弱小"两个字?

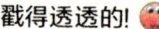

 十六国·苻坚

这句"时也,命也"戳心了!

 南朝宋·刘裕

戳得透透的!

 五代·柴荣

冰冰凉,透心凉!

 三国·曹操

这句话估计说到了群里很多人的痛处吧。

宇文邕的一句"时也,命也",戳到了群里不少人的痛处,大家纷纷跟帖。

―――― 涉及的知识点 ――――

◎ 南北朝时期，南朝经历了4个朝代——宋、齐、梁、陈。陈朝是一个以姓作为朝代名的王朝，创始人是陈霸先，陈叔宝是末帝。南朝疆域到陈朝的时候，已经大大缩小，在南北对峙中已经处于弱势。

◎ 如果再给宇文邕几年寿命，他很可能就灭掉陈朝统一天下了。然而历史无法假设，宇文邕在北伐突厥的途中生病，不久就去世了，年仅35岁。宇文邕死后几年，杨坚取代北周建立隋朝。紧接着，隋灭掉陈，再一次统一中国，正式结束这段近300年的大分裂时期。

◎ 一句"时也，命也"，道出了很多人的遗憾。曹操统一了北方，在赤壁之战中被吴蜀打得落荒而逃。苻坚也统一了北方，挟百万之众却输给了东晋的8万人。刘裕的北伐本来气势如虹，却因为主管后方的刘穆之病死，不得不中断北伐。柴荣也是因为英年早逝，没来得及实现自己的小目标。

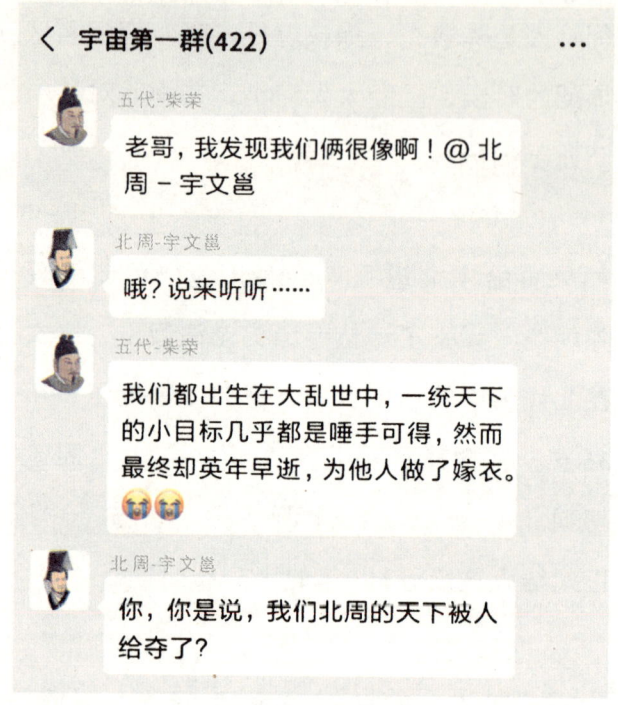

---- 涉及的知识点 ----

◎ 宇文邕和柴荣两个人有很多相似的地方：

（1）两个人分别出生在最大的两个乱世之中，宇文邕生于南北朝时期，柴荣生于五代十国时期。

（2）两个人统一天下的小目标几乎都唾手可得，然而都英年早逝（宇文邕逝于35岁，柴荣逝于38岁）。

（3）最后都是为人做嫁衣，小目标由后来者实现了。宇文邕的小目标，被后来的杨坚实现了；柴荣的小目标，被赵匡胤实现了。

最后再大概梳理一下本文的历史脉络，帮助大家理清这段历史时期：

西晋灭亡，北方进入十六国时期，南方则是司马睿建立的东晋。北方一度被前秦的苻坚统一，在淝水之战失败后，北方又陷入了四分五裂。

东晋末期，刘裕取代东晋建立刘宋，标志着南北朝时期的开始。不久，北魏拓跋焘统一北方，南北开始了相对独立的时期。

北朝共有北魏、东魏、西魏、北齐、北周五个朝代，先是北魏统一北方，然后北魏分裂成东魏和西魏。不久，东魏变成了北齐（高家），西魏变成了北周（宇文家），接着北周宇文邕灭了北齐高纬，随后北周又被杨坚接管了。

南朝共有宋、齐、梁、陈4个朝代，到陈朝时疆域已明显缩小，此时历史的发展重心已经是北朝。最后，杨坚再度统一全国，结束了近300年的东晋十六国和南北朝时期。

第11集
史上最牛亲戚

你知道历史上最牛的亲戚是谁吗?

宇宙第一群(422)

 北周-宇文邕
是谁？是哪个该死的？？

一看宇文兄就没怎么看群消息。
那个人跟你很熟的，比你还大两岁。

 北周-宇文邕

不会吧

 宋太祖-赵匡胤
还是你的儿女亲家。

 北周-宇文邕
我的天！难道是杨坚！？

 新朝-王莽
趣哥在上一集最后都剧透了有啥好惊讶的。

 五代-柴荣
唉，你们好歹是亲戚，我的皇位完全是给了一个外人。

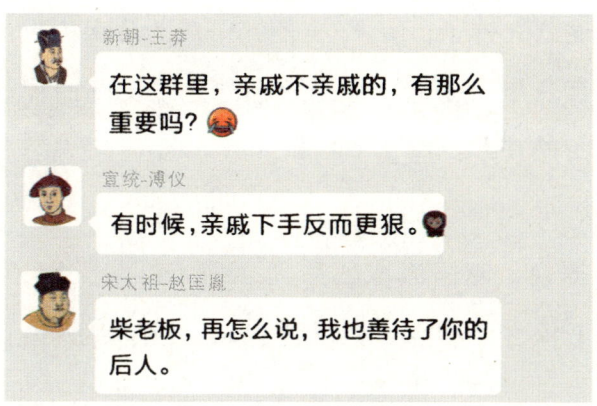

在上一集的最后，趣哥有提到杨坚取代了北周。

―――――― **涉及的知识点** ――――――

◎ 宇文邕和杨坚是亲家，杨坚的女儿是宇文邕儿子（宇文赟）的皇后，杨坚比宇文邕还大两岁。宇文邕是南北朝时期少见的英主，可惜英年早逝。而他的儿子宇文赟却是非常不靠谱，在位一年就禅位给了儿子宇文阐（当时只有6岁），年纪轻轻就做起了太上皇。因为纵情酒色过度，宇文赟的身体被严重掏空，禅位一年后就死掉了,留下7岁的儿子成为待宰的羔羊。第二年,杨坚"接受"小外孙宇文阐的禅让,改元开皇,建立了隋朝。

◎ 据说,赵匡胤取代后周之后,给柴氏发了丹书铁券(相当于免死金牌),让柴荣子孙可以永享富贵,即使犯了谋逆大罪,也止于狱中赐尽。

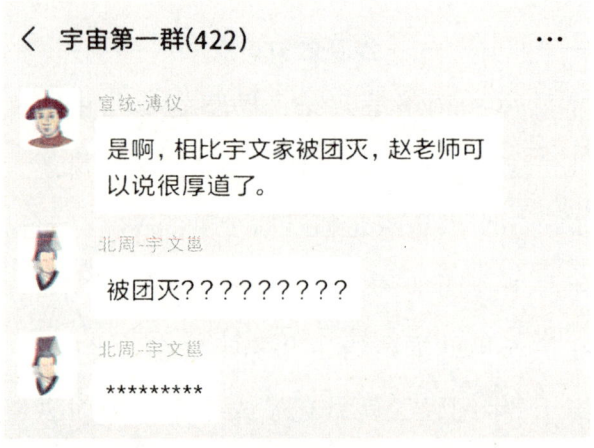

得知宇文家被杨坚满门抄斩,宇文邕一时气急攻心,颤抖着打下一段系统无法显示的话,然后一口老

血喷在手机屏幕上，昏死过去。

涉及的知识点

◎ 在代周建隋的过程中，杨坚杀光了北周的宇文皇族。根据史书统计，被杀的皇族中有名有姓的就有60多位，包括只有8岁的小外孙宇文阐。这件事是杨坚为数不多的争议之处，清朝的赵翼曾评价：（杨坚）大权在手，宇文氏子孙以次诛杀，殆无遗种……窃人之国，而戕其子孙至无遗类，此其残忍惨毒，岂复稍有人心。

看到宇文邕在群里说自己，杨坚避其锋芒，并没有马上跳出来接话。

< 宇宙第一群(422)　　　　　　···

 三国·曹丕
楼上发了啥？没显示出来。

新朝-王莽

看来是说了一些不让显示的内容，让系统给屏蔽了。

 宣统-溥仪

宇文老师息怒，后来你的另一个亲戚又把天下抢回来了。

 汉献帝-刘协

这……这是亲戚之间轮流坐庄啊！

 宣统-溥仪

北周、隋、唐两两都是亲戚，而且是同一个岳父。

 宋太祖-赵匡胤

史上最牛岳父无疑了。

 宣统-溥仪

这位岳父还入选了中国古代十大美男排行榜。

 汉献帝-刘协

好神奇，难怪女儿都嫁得这么好！

 宋太祖-赵匡胤

主要原因是他们几家都属于八柱国吧，贵族联姻门当户对，恰逢王朝更替频繁，于是产生了一个牛气的结果。

第11集 史上最牛亲戚

―――― 涉及的知识点 ――――

◎ 北周、隋、唐两两都是亲戚，而且是同一个岳父，这复杂的亲戚关系要从西魏的八柱国说起。

◎ 西魏时期有八柱国十二大将军，宇文泰（宇文邕老爸）、李虎（李渊爷爷）、独孤信（三家的共同岳父）都是八柱国之一，杨忠（杨坚老爸）是十二大将军之一。于是，贵族之间相互联姻。独孤信的三个女儿分别嫁给了宇文泰儿子（周明帝宇文毓）、李虎儿子（李昞，也就是李渊父亲）和杨忠儿子（隋文帝杨坚）。宇文家族建立了北周，杨坚建立了隋朝，李渊创立了唐朝，所以独孤信可以说是"三朝岳父"了，纵观整个中国历史，独一无二。

◎ 独孤信颜值超高，是中国古代十大美男之一。其他十大美男还有竹林七贤的嵇康、西汉皇帝慕容冲，以及上战场要戴面具的兰陵王高长恭。

从晋朝开始，一直到南北朝，群里的话题就处于跑偏状态，大家似乎都忘了选管理员这回事儿。这时，杨坚瞅准宇文邕吐血下线的时机，重新把话题带入竞选管理员的轨道。正如同他结束魏晋南北朝200多年的纷乱，重新把国家带入统一有序的轨道一样。

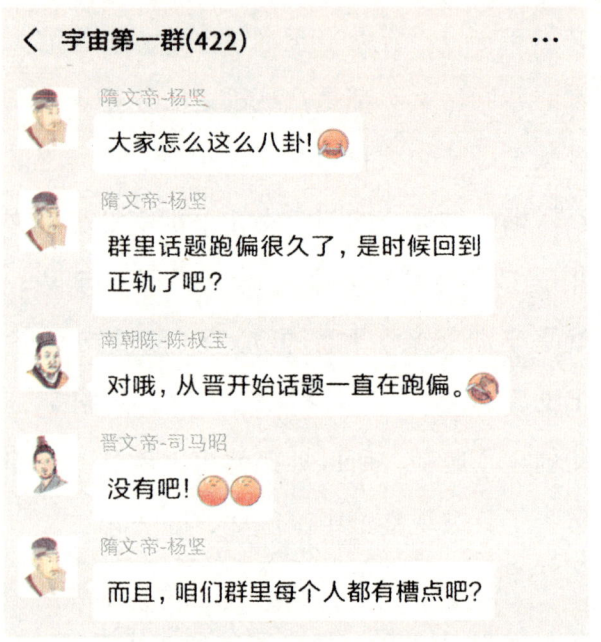

十全宝宝-乾隆
是啊,杨老师的槽点算少了,跟我有点儿像!

正德-朱厚照
十全宝宝?这昵称也太自恋了……

宋徽宗-赵佶
阁下是嫌前几集被吐槽得还不够多吗?

三国-刘禅
吐槽大会又要开始了,前排围观。

十全宝宝-乾隆
别别别,我只是跳出来给杨老师鼓把劲,今天是他的主场。

隋文帝-杨坚
哈哈哈哈……这位小兄弟有点儿意思,我们是不是冥冥中有一些关联?

宣统-溥仪
是的,杨老师,您确立的三省六部制一直沿用到我们清朝。

宣统-溥仪
还有科举制也是,一直延续了1300多年。

汉武帝-刘彻
不错不错,我们汉代用的是察举制。

三国-曹丕
我们选人用的是九品中正制,据说一直延续到南北朝。

嬴政
手动点赞,保质期很长,可以报个管理员。@杨坚

宋太祖-赵匡胤
哇,群主点名,厉害了!👍

隋文帝-杨坚
感谢感谢,谢谢群主和各位大佬的认可,那我报个管理员哈。💀💀

涉及的知识点

◎ 隋朝跟秦朝一样是一个短命王朝,但是同样对后世影响深远。隋朝确立的三省六部制和科举制,影响后世1000多年,一直沿用到清朝(科举制的开始时间有争议,有人认为始于隋朝,有人认为始于唐朝)。

○ 在选拔人才方面，汉代用的是察举制（由官员考察并推举人才），后来魏文帝曹丕推出了九品中正制（对人才进行评级，共九个等级），再后来便是隋唐的科举制。察举制（两汉时期）、九品中正制（魏晋南北朝）、科举制（隋唐直到清），是中国封建社会三大选官制度。

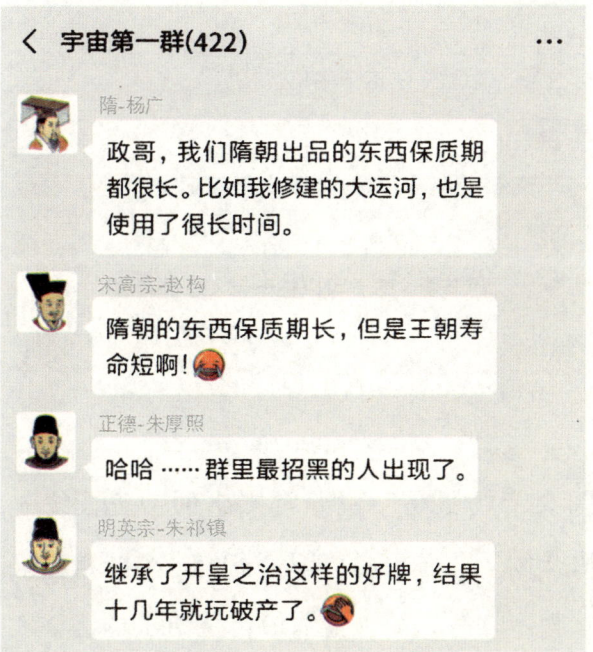

隋文帝-杨坚
唉,独孤误我,独孤误我!

 明太祖-朱元璋
你这败家孩子,还有脸在群里说别人,信不信本祖宗抽你! @明英宗-朱祁镇

 五代-柴荣
巧合的是,杨坚团灭了宇文氏,最后弑杀炀帝的人也姓宇文。

 五国-刘禅
哈哈……这个牛!

 正德-朱厚照
牛啊,君子报仇,多少年都不晚。

 新朝-王莽
这节奏,感觉可以拍一部《复仇者联盟2》了。

涉及的知识点

○ 隋文帝杨坚是一位非常杰出的帝王,统一之后开创了开皇之治,留给杨广一个非常富庶的家底。临终之前,他后悔传位给了杨广,大呼"独孤误我"(独孤是指杨坚的皇后)。

◎朱祁镇也是继承了一手好牌，结果打得稀烂。明朝初年，在朱元璋、朱棣等几代君主的治理下，明朝初年出现了洪武之治、永乐盛世、仁宣之治三大盛世。等到朱祁镇继位的时候，家底可以说是非常雄厚。有一次，瓦剌对大明边境进行骚扰，在宦官的蛊惑下，朱祁镇带着大明的精锐御驾亲征。因为一系列幼稚的操作，本来实力碾压对手的大明精锐几乎全军覆没，朱祁镇本人也被瓦剌俘虏，成为明朝由盛转衰的转折点。

◎杨坚将宇文家族满门抄斩，后来报应也降临到了杨坚后代的身上。杨坚的子孙也几乎被各种势力杀害，而且弑杀杨广的人是宇文化及，也姓宇文（宇文化及跟宇文邕家族没有血缘关系）。

当年，杨广率大军攻灭陈朝的时候，陈叔宝吓得躲在一口枯井里。看到杨广被众人欺负，他自然也想趁机添一把火。

趣说中国史

宇宙第一群(422)

南朝陈·陈叔宝
楼上的名字不符合格式吧？怎么不把谥号亮出来。@隋-杨广

隋·杨广
@十全宝宝-乾隆 他也改了好吗？

南朝陈·陈叔宝
你给我"炀"这个谥号，别人也给了你，没想到吧。

大理国·段誉
以彼之道，还施彼身，这不是姑苏慕容的绝学吗。

隋·杨广
阿婆面，大家表兄弟一场，何必如此黑我？@唐高祖-李渊

唐高祖·李渊
呃，为什么招黑你心里没点儿数吗？

―――― 涉及的知识点 ――――

◎ 杨广给陈叔宝的谥号是"炀"，结果后来李渊给杨广的谥号也是"炀"。

◎ 李渊面部皱褶多，杨广曾戏称李渊是阿婆面（老太婆的脸），史书记载说这个称呼让李渊很郁闷。

杨广是个很有争议的人，自带话题属性。

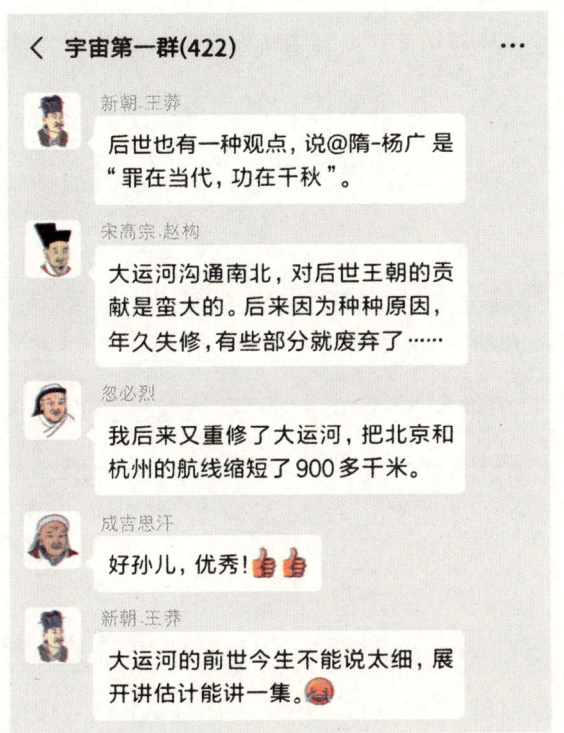

―――――― **涉及的知识点** ――――――

◎ 从隋唐到宋朝，大运河以洛阳（隋朝都城）为中心，北至北京，南到杭州。

◎ 从唐朝末年开始，因为战乱等因素，大运河部分航段年久失修。到了南宋时期，为了阻止金朝船队南下，南宋破坏了运河上的各种设施，以此阻断金兵沿运河南下之路，这样大运河的部分航段便慢慢被废弃了。

◎ 后来，元朝定都北京，从杭州到北京需要先绕道洛阳，增加了很多运力成本。所以忽必烈花了10年时间重修大运河，改弯变直，使北京和杭州之间的航线缩短了900多千米，这也是现在京杭大运河的前身。

◎ 大运河的开凿，最早始于春秋时期，杨广修大运河的时候连接了一些前代修建的河段。杨广所修大运河以洛阳为中心，如果从杭州到北京就要绕不少路。元朝修的大运河变直了,从杭州到北京省下很多路程,如下图。

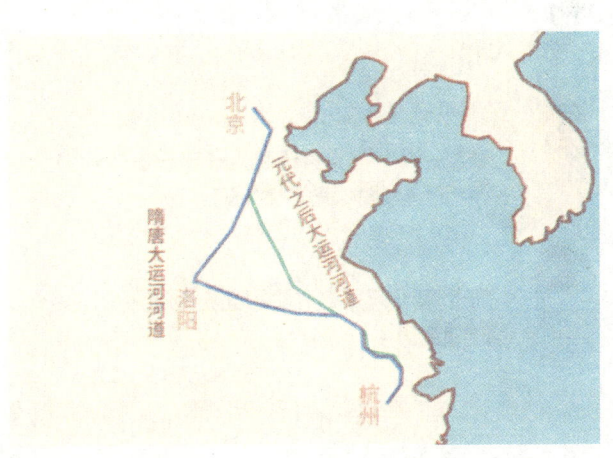

李渊和李世民之间,客套又不失生分。

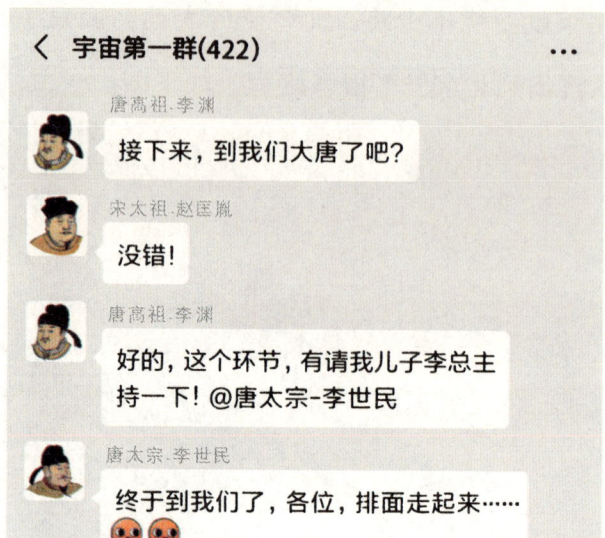

第11集 史上最牛亲戚

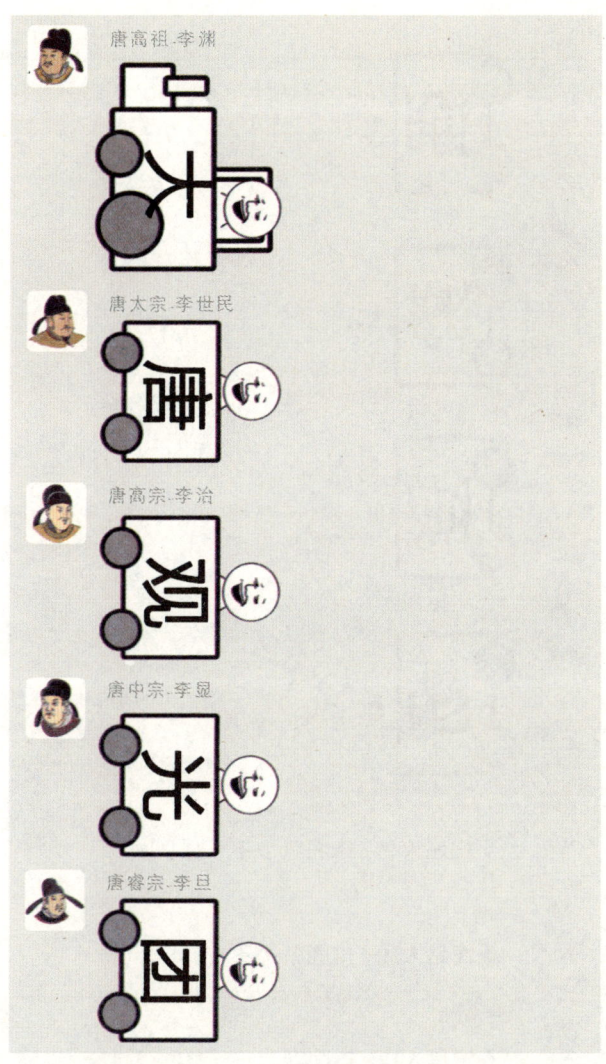

大唐出场自带气场,以一套表情包强势刷屏。能够调动这样的排面,足见李世民的影响力。就拿唐朝来说,李渊想发起这样的排面,他得看李世民的脸色。武则天想发起,李世民很可能不想配合,武则天的儿子也不一定愿意配合。

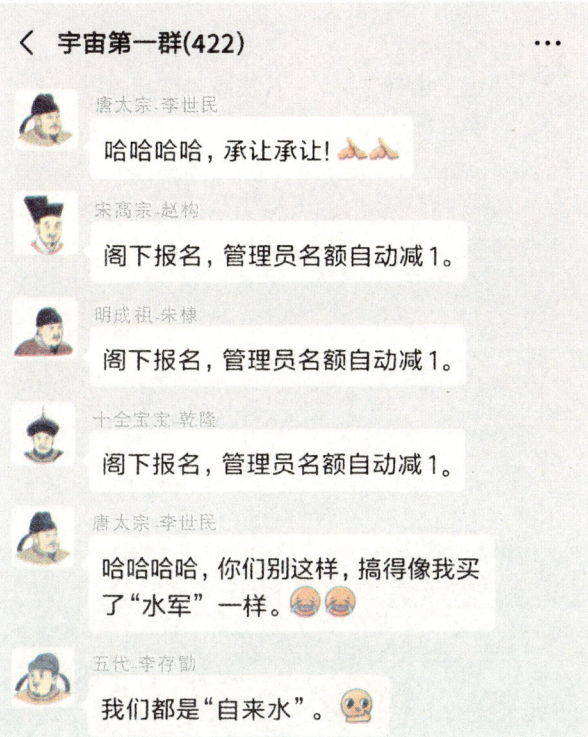

趣说中国史

宣德-朱瞻基
我们都是"自来水"。

雍正-胤禛
我们都是"自来水"。

宣统-溥仪
大写的牛,太宗一代天骄,引无数"自来水"尽折腰!👍👍

成吉思汗
楼上串词了吧?一代天骄不是我吗?!@宣统-溥仪

不需李家人出面,竟有一大波"自来水"点赞。

———— 涉及的知识点 ————

◎ 在《沁园春·雪》中,有一段诗大家几乎都会背:

> 惜秦皇汉武,略输文采。
> 唐宗宋祖,稍逊风骚。
> 一代天骄,成吉思汗,只识弯弓射大雕。

作为有较多相似点的两个人，朱棣跟李世民一样，都是抢的别人的皇位，都是创始人的儿子且能力很强，都开创了盛世。于是，朱棣想发个私聊给李世民套个近乎。

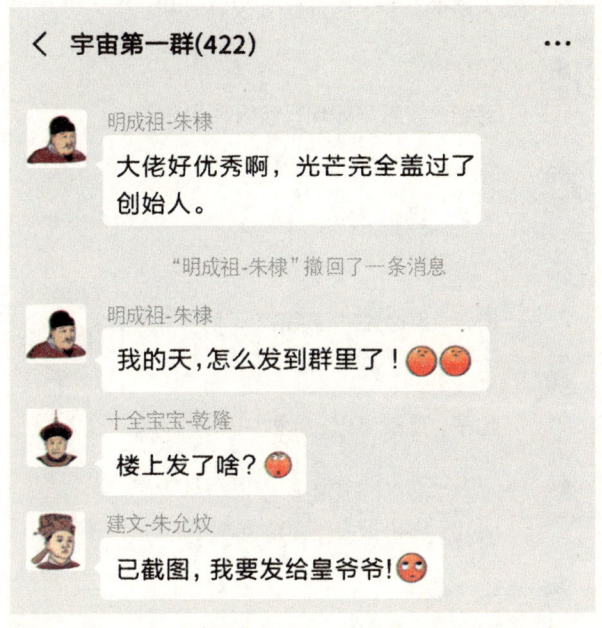

所以，朱允炆同学终于也踩了朱棣一脚。

趣说中国史

宇宙第一群(422)

唐太宗-李世民
我们大唐人才济济,有不少大佬,大家都来报个名吧。

康熙-玄烨
大唐的阵容,估计跟大汉有一拼。

唐太宗-李世民
老爸,你先来如何?@唐高祖-李渊

唐高宗-李治
老爸,我也想报一个。

武则天
老公,怎么能少了我?!

唐高祖-李渊
儿子,我都可以,你做主就行。

唐太宗-李世民
治儿,你来报名,会拉低水平。

唐高宗-李治
媚娘,你这老公,喊得我痛心。

五代-李存勖
我的天,这是三重奏吗,还带押韵的!😂

宋徽宗-赵佶

大唐不愧是文艺盛世，连报个名都这么有才！👍👍

汉武帝-刘彻

所以，贵唐现在是报了三个人吗？

唐太宗-李世民

是的，@唐高祖-李渊 @武则天，再加上我。

宋徽宗-赵佶

哇，都是重量级！

宣统-溥仪

@唐太宗-李世民 和 @武则天 都是群里的顶级流量了。

武则天

哈哈哈哈，投票的时候还请大家多多支持哈，么么哒！🍅🍅

正德-朱厚照

小姐姐的票一定支持！

金-完颜亮

小姐姐的票一定支持！

北齐-高纬

你一票，我一票，小姐姐就能出道！

趣说中国史

 晋武帝-司马炎
你加一,我加一,武妹票数拿第一!

 三国-曹操
厉害了,这么快就有自己的粉丝团啦!

大唐的出场方式惊艳,报名方式也是清奇。

⟨ 宇宙第一群(422) ⋯

 汉武帝-刘彻
群里有几位同学的昵称怎么没按格式来了?

 汉武帝-刘彻
@十全宝宝-乾隆 @明英宗-朱祁镇 @隋-杨广 @成吉思汗 @武则天

 明英宗-朱祁镇
我有两个年号,不知道备注哪一个,所以就用谥号了。

 隋-杨广
我的谥号是个恶谥,写在昵称里太难看了。🍊

成吉思汗
成吉思汗是我的尊号,比我的名字和谥号都出名,而且地球人都知道成吉思汗这名字。

 武则天
则天就是我的谥号,武则天这名字也是家喻户晓。

 汉武帝-刘彻
原来是这样,不知群主意下如何?@嬴政

 嬴政
那就让趣哥看着标吧,相信他的业务能力。

群里成员众多,情况复杂,所以昵称的标注不便于用统一格式。

＜ 宇宙第一群(422)　　　…

 唐太宗-李世民
对了,我们大唐还有其他人报名吗?

 唐玄宗-李隆基
曾爷爷,还有我……

唐玄宗-李隆基

我创造了开元盛世,大唐在我手上达到极盛。

 唐玄宗-李隆基

而且这段时间出了很多诗界大神,比如李白、杜甫、王维、王昌龄、孟浩然等……

 唐太宗-李世民

哈哈哈哈!好曾孙,没想到大唐还有这样的辉煌!👍👍

 宋太祖-赵匡胤

楼上是报喜鸟吗?报喜不报忧啊!😭

 宋徽宗-赵佶

唐朝就是从你手里盛极转衰的吧,安史之乱了解一下。

 宋太宗-赵光义

你这败家孩子,就别说别人了好吗?@宋徽宗-赵佶

 汉高祖-刘邦

成也萧何,败也萧何。
盛也隆基,衰也隆基。

 唐太宗-李世民

你这败家玩意,我怎么这么想……

因为言语过激，部分聊天内容没有显示出来。

―――――― 涉及的知识点 ――――――

◎ 李世民是李隆基的曾爷爷，武则天是李隆基的奶奶，李治是李隆基的爷爷。

◎ 唐玄宗李隆基开创了开元盛世，大唐的国力和文化在这段时期都达到极盛，唐诗界的很多顶级大神主要都生活在开元时期，比如李白、杜甫、王维、王昌龄、孟浩然等。

◎ 玄宗后期爆发了安史之乱，致使唐朝人口大量消失，国力出现跳水式下滑。盛衰皆是一人，盛也隆基，衰也隆基。这就像西汉的萧何一样，韩信能够受到刘邦的重用，都是因为萧何的推荐；韩信最后被吕后灭掉，也是因为萧何出的计谋。有一个成语来形容这种现象，就是"成也萧何，败也萧何"。

◎ 宋徽宗是宋太宗赵光义的直系后代，也是一位败家型选手，在位期间把富庶的北宋王朝折腾到了亡国的边缘。

◎ 萧何，刘邦的丞相。

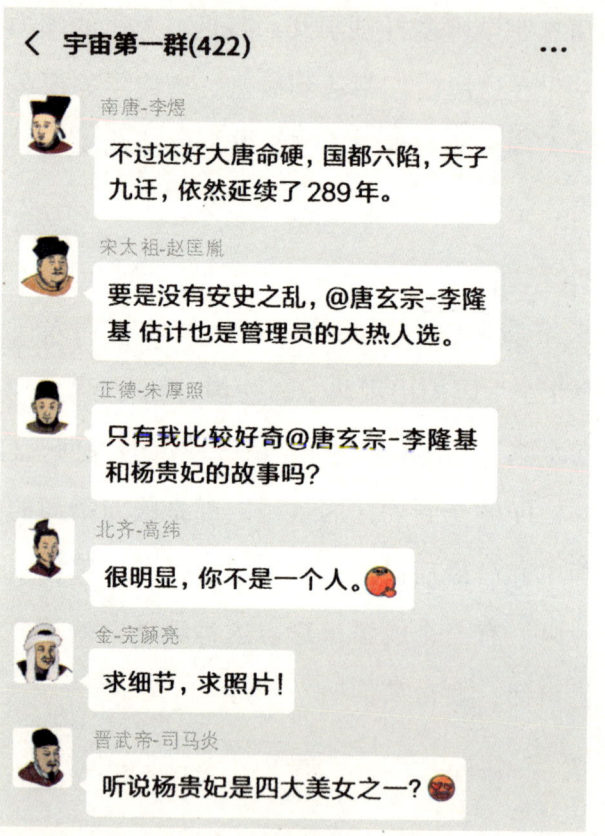

三国-曹操
小老弟,发张你老婆的照片来看看!
@唐玄宗-李隆基

 唐玄宗-李隆基
各位都是有后宫的人,何不先晒一晒你们时代的美女。

 三国-曹操
妙啊,这个环节观众应该喜欢看。

 三国-刘禅
哇哦,管理员竞选要变成选美比赛了吗?

涉及的知识点

◎ 安史之乱后的100多年间,唐朝的国都长安被攻陷了6次,天子逃了9次,堪称"最命硬的朝代",最后享国祚289年。

第12集
"大V"云集的时代

> 这个群里的每一个人,都是一个流量"大V"……

宇宙第一群(422)

三国·刘禅

大佬们,我又回来了!

三国·刘禅
我是不是错过了什么?

明武宗·朱厚照
楼上怎么被打得鼻青脸肿的?

新朝·王莽
估计是又被他老爹揍了吧!

新朝·王莽
我看过一部网剧,楼上动不动被他爹各种摔。

在网剧《万万没想到》中,刘禅被刘备各种理由摔。

< 宇宙第一群(422)　　　…

嬴政
各位同学，上一集放飞了一下自我，这一集继续管理员主题吧。

宋太祖·赵匡胤
支持群主，聊到安史之乱后群里的话题又出现了偏题，是时候回到正轨了……

嬴政
嗯，接下来到哪个朝代了？

宋太宗·赵光义
到我们宋朝了，政哥。

五代·朱温

五代·朱温
我们五代十国不配拥有姓名吗？

五代·柴荣
我们五代十国不配拥有姓名吗？

唐昭宗·李晔
你可拉倒吧！

第12集 "大V"云集的时代

唐衰帝·李柷
你可拉倒吧！

五代·朱温
恕我直言,我可是拉倒大唐的男人。

唐太宗·李世民
你说啥？

新朝·王莽
敢在大唐面前吹牛,阁下的勇气是梁静茹给的吗？

五代·朱温
惹不起惹不起,匿了匿了。

五代·朱温

唐太宗·李世民
惹了事还想跑？大家排面走起来……

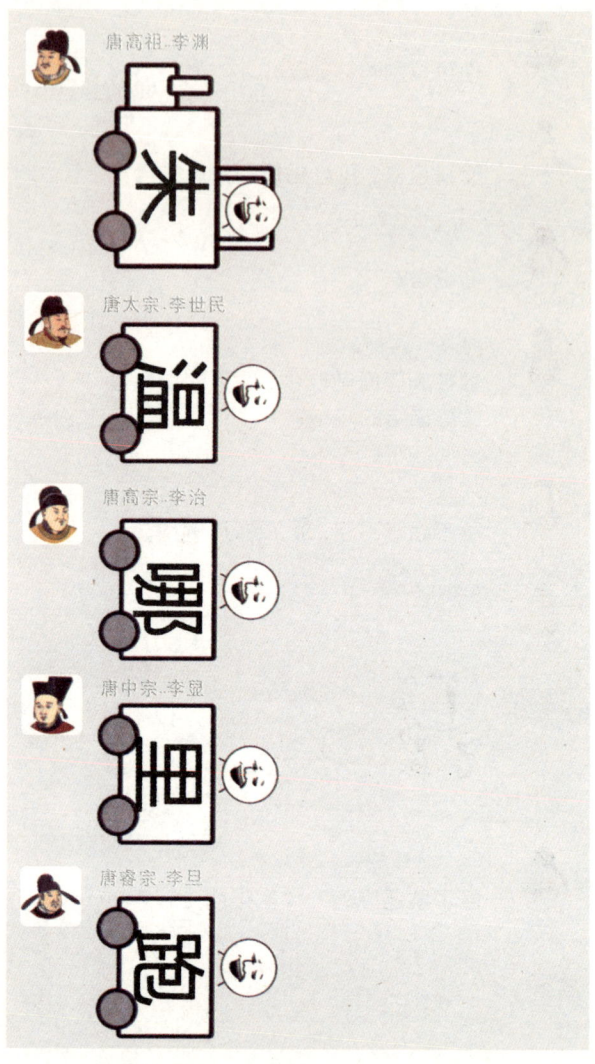

第12集 "大V"云集的时代

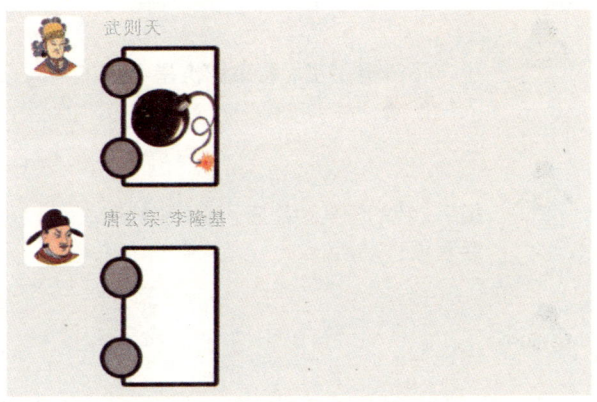

让大家没想到的是,大唐竟然已经具备了跨表情包穿透打击能力*……这逆天的操作,一时让群里众人惊愕不已。自此以后,朱温再不敢提推倒大唐一事……

看到唐朝如此出风头,作为同一咖位的汉朝,也在思索着如何挣回一点面子。

两位"小唐"也出来刷了一波存在感。

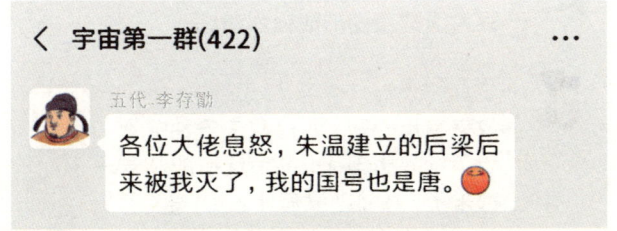

* 此处内容,关注趣哥公众号可以欣赏动图效果。

唐太宗·李世民
小伙子干得不错,看来你也是个牛人!👍👍

 南唐·李昪
祖宗,我的国号也是唐,时间刚好在后唐灭亡之后。

 唐太宗·李世民
你是?

 南唐·李昪
我是南唐的创始人,也是大唐皇室的后裔。

 宋太宗·赵光义
楼上不是平民出身吗?这亲戚攀得……比刘备还溜。

 三国·刘备
怎么这一集我老是躺枪?

 新朝·王莽
可惜两位"小唐"都比较短命,跟大唐的命硬形成强烈对比。

南唐·李煜
说来有点心塞,我对北宋各种奉承想延续南唐国祚,最后连唐的国号都去了,然而并没有什么用!

第12集 "大V"云集的时代

 宋太祖·赵匡胤
这么跟你说吧,卧榻之侧,岂容他人酣睡!

涉及的知识点

◎ 朱温终结唐朝之后,建立了五代第一个王朝后梁,五代十国正式开始。这一时期的王朝都很短命,在朱温儿子手上,后梁被李存勖攻灭。

◎ 灭了后梁,李存勖建立了后唐(五代第二个王朝),此时距离大唐灭亡已经有十几年了。后唐实力强大,疆域是五代各个王朝中最大的,一度被视为中兴大唐的存在。然而……后唐也是昙花一现,最终只持续了13年。后唐灭亡3年后,南方的李昪改国号为唐(也就是南唐),继续延续唐的国号。

◎ 以唐为国号的王朝有三个——一个大唐(唐朝),两个小唐(后唐和南唐)。大唐命硬,在各种折腾下一直持续了289年。两个"小唐"比较短命，影响力和存在感相比大唐弱了很多。

◎ 南唐创始人李昪自称是李唐皇室后裔，然而宋以后的正史并不承认（说他是平民出身）。这跟刘备有点儿像，刘备自称中山靖王之后，以表示自己汉室后裔的身份。

◎ 李煜是南唐后主，他在位期间尊奉宋朝，还去除了唐的国号，改称自己"江南国主"，通过这些操作来换取南唐能够继续存在的可能。后来，宋伐江南，李煜派人求和，赵匡胤回了一句霸气的话：卧榻之侧，岂容他人酣睡！

赵光义自觉影响力不如赵匡胤，所以想把赵匡胤推举到管理员的位置，一如在陈桥兵变中给他哥黄袍加身。

第12集 "大V"云集的时代

宇宙第一群(422)

 宋太宗·赵光义
哥,你这话说得太棒了,让人情不自禁有点赞的冲动!👍👍👍

 宋太祖·赵匡胤
你少来这套!

 宋太宗·赵光义
@嬴政 群主,我哥也是管理员的有力竞争者,武能平定五代十国这样的大乱世,文能开创延续300多年的大宋朝。

 宋真宗·赵恒
我伯父不仅文治武功很厉害,个人武力值也是棒棒的!😭

 宋钦宗·赵桓
大写的棒,给太祖爷爷支持!

 汉光武帝·刘秀
楼上两位名字好像,差点以为是同名。🍊

 三国·刘备
我也差点看成是同名。

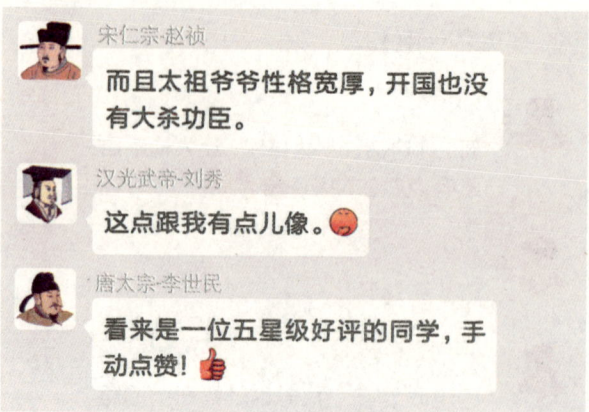

---- 涉及的知识点 ----

◎ 赵匡胤性格宽厚,开国没有大杀功臣。他的性格特点也浸润到了北宋的政治中。他文治武功俱佳,而且还是一位武术家。

◎ 北宋有两位皇帝的名字超级像,宋真宗赵恒(héng)和宋钦宗赵桓(huán),赵恒是赵光义的儿子,所以叫赵匡胤伯父。

第12集 "大V"云集的时代

< 宇宙第一群(422)　　　　…

 明仁宗·朱高炽
话说楼上的赵祯老师也是以宽厚著称。

 康熙·玄烨
赵老师时期的人才阵容实在是太豪华了,实名羡慕!😭😭

 乾隆·弘历
是啊,唐宋八大家宋朝有六个,六个全都来自仁宗朝。😂

 明仁宗·朱高炽
此处应该有一个列表。

 明仁宗·朱高炽
政治家:范仲淹、包拯、王安石、司马光
科学家:沈括、毕昇
思想家:张载、程颐、程颢
文学家:三苏(苏轼、苏辙、苏洵)及欧阳修、曾巩、柳永、晏殊

 新朝·王莽
惊叹啊,这些人估计能承包语文课本的半壁江山!🍅🍅

唐玄宗·李隆基
这人才阵容，跟我的开元盛世有一拼啊！

宣统·溥仪
还有千年科举第一榜，也是出现在宋仁宗在位时期。😭

三国·曹操
牛气，跟我一样是一台人才收割机！👍

宣统·溥仪
明代李贽有一个形象的评价：这些牛人争先恐后地成长，似乎把1000年的超级人才都集中在这个时期了。

宋仁宗·赵祯
哈哈哈哈，各位大佬过奖啦，我也是沾了这些"大V"的光。

宋太祖·赵匡胤
好孩子，为你骄傲，你也来报个管理员吧！

宋太宗·赵光义
好孙儿，你也来报个管理员吧！

宋仁宗并不是一个强势的人，他自觉量级还是不够，所以私下跟两位祖辈解释了一番，表示不太想报名。宋太祖为人通达，对这位孙辈表示理解，宋太宗虽有不甘，明面上也不好逆宋太祖的意思。

―――― 涉及的知识点 ――――

◎ 宋仁宗赵祯是北宋第四位皇帝，在位41年，是整个宋朝在位时间最长的一位。北宋到了仁宗时期，出现了罕见的超级人才井喷现象。唐宋八大家中的宋六家（欧阳修、苏洵、苏轼、苏辙、王安石、曾巩），全部出自仁宗朝。千年科举第一榜，也是出现在这一时期。明代学者李贽不禁感叹："钜公辈出，尤千载一时也（大牛辈出，仿佛一千年的牛人都集中在这一时期了）。"

◎ 千年科举第一榜，指的是宋仁宗嘉祐二年的一次科举考试。这一年的进士榜可以说是群星璀璨，出现了几十位名动千古的人物。比如说：苏轼、苏辙、曾巩（这三位是唐宋八大家）；曾布、吕惠卿、章惇（这三位都当过宰相）；张载（理学创始人，他的"横渠四句"成为很多儒家知识分子的小目标）；程颢、程颐（理学创始人，程朱理学中的二程）；王韶（北宋名将）。

◎ 沈括是《梦溪笔谈》的作者。毕昇发明了活字印刷术。

看到弱宋推出了两个管理员，忽必烈有点不服，忍不住想踩宋一脚。

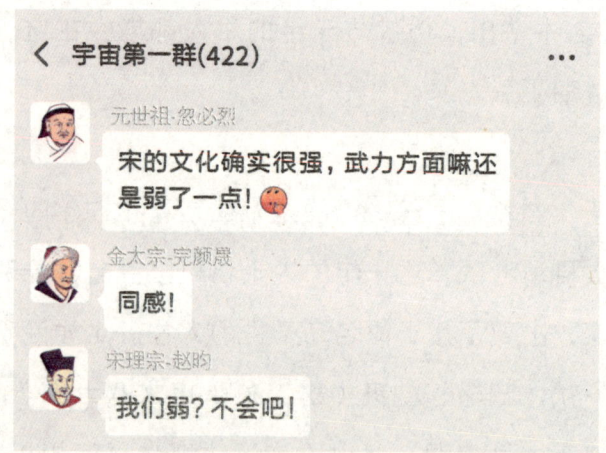

第12集 "大V"云集的时代

 宋理宗-赵昀
你们可是花了40多年才打下我大宋的,还搭进去了一位大汗。

 元世祖-忽必烈
说到这事儿就来气,要不是我哥突然出事,我大蒙古帝国也不会四分五裂。

 宋度宗-赵禥
楼上甩的一口好锅,明明是你和你弟争汗位才解体的好吗。

成吉思汗之后,他的子孙们又大大扩展了蒙古帝国的地盘。虽然后来分裂了,每一部分仍然还是在黄金家族(成吉思汗子孙)手中。加上忽必烈各种的安抚,此处成吉思汗竟也没有发飙。

———— 涉及的知识点 ————

◎ 宋朝是文化的一个巅峰,但是给人一种武力孱弱的印象。金太宗完颜晟灭亡了北宋,忽必烈攻灭了南宋。

◎蒙古铁骑横扫欧亚大陆,但是打下南宋却花了40多年时间,蒙古大汗蒙哥也是在攻宋前线突然暴亡的。蒙哥死得太突然,突然到没有确立继承人,结果导致忽必烈和阿里不哥开始了长达4年的汗位之争,最终蒙古帝国解体,分裂为4个汗国和元朝(4个汗国是:钦察汗国、察合台汗国、窝阔台汗国、伊利汗国)。

为了进一步安抚爷爷,忽必烈冒着被众人群起而攻之的风险,又强势吹捧了一把。

〈 宇宙第一群(422) ···

元世祖-忽必烈
对了,说到管理员,怎么能少了我的爷爷!@成吉思汗

元世祖-忽必烈
论武力,可以让全世界唱《征服》。论疆域,我想说在座的诸位都……没有我们的大。

宋度宗–赵禥
这弯转得……有点急。

 明武宗–朱厚照
说话能不能别大喘气！

 明太祖–朱元璋
我就想问一句，楼上的吹牛能力是祖传的吗？

 明成祖–朱棣 Judy
同问，能不能分享一下祖传配方？

 元顺帝–妥懽帖睦尔
祖传配方倒是没有，祖传的牛肉干有没有老板想要？

 元顺帝–妥懽帖睦尔
正宗草原无添加牛肉干，超干原味，军粮首选，有需要的老板加微信，支持微信、支付宝转账。

 宋理宗–赵昀
汗！

 宋度宗–赵禥
狂汗！

 明武宗–朱厚照
瀑布汗！

看到忽必烈吹捧爷爷，朱棣也依样画葫芦，准备吹捧一波老爹。同时，朱棣还安排了自己的好圣孙朱瞻基，给自己提名管理员。

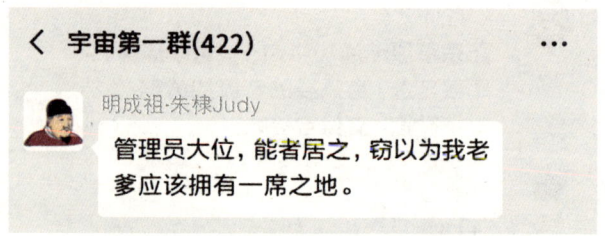

为了在爷爷心里加分，一向低调的建文帝也不甘落后，但在语言上朱棣还是更加老到。

第12集 "大V"云集的时代

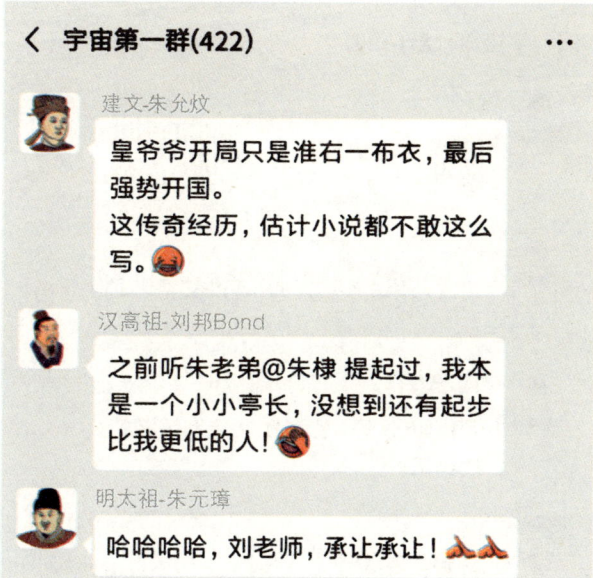

朱棣给刘邦起过英文名,看到朱棣还跟刘邦提过自己,朱元璋心里不免有些得意。

强者之间的和解有时只是轻飘飘的一句话,让朱棣大感意外的是,父亲居然提名自己参选管理员。

< 宇宙第一群(422)　　···

明太祖-朱元璋
老四,也别光说我了,你也来报个名吧。

明成祖-朱棣Judy
谢谢,谢谢老爹,孩儿谨遵父皇之命!🙏🙏

明成祖-朱棣Judy
@嬴政 政哥,我和我父皇都报名管理员哈。

嬴政
行吧!👌

康熙-玄烨
哇,这画面莫名有点儿让人感动!

乾隆-弘历
爷爷,爷爷,咱俩也报个名吧!

新朝-王莽
楼上是葫芦娃吗?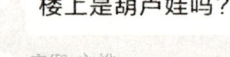

康熙-玄烨
可

第13集
为老板"打call"的武将

如果给中国66位武将拉个小群,会发生什么样的事情?

从秦汉到明清，中国的名将灿若星辰。有的闪耀一个时代，有的成为万古长夜最亮的将星。

在上一集中，大佬们报完名之后，管理员人选的话题在武将这个圈子也开始发酵……大家对于谁会当选管理员争论不休，尤其是自己老板报了名的武将们，更是希望自己老板成为管理员。老板伺机把报了名的几大武将也拉了一个小群……

再提醒一下，加入本群的主要是老板报名管理员的武将，并不包括所有历史上的武将，所以很多人都不在这个群里，这是一个"啦啦队"群。

【管理员报名列表】

汉朝：1. 刘邦 2. 刘恒 3. 刘彻 4. 刘询 5. 刘秀

三国：6. 曹操

南北朝：7. 刘裕

隋朝：8. 杨坚

唐朝：9. 李渊 10. 李世民 11. 武则天

第13集 为老板"打call"的武将

宋朝：12. 赵匡胤

蒙元：13. 成吉思汗

明朝：14. 朱元璋 15. 朱棣

清朝：16. 康熙 17. 乾隆

首先，"兵仙"韩信在群里抛出了话题。

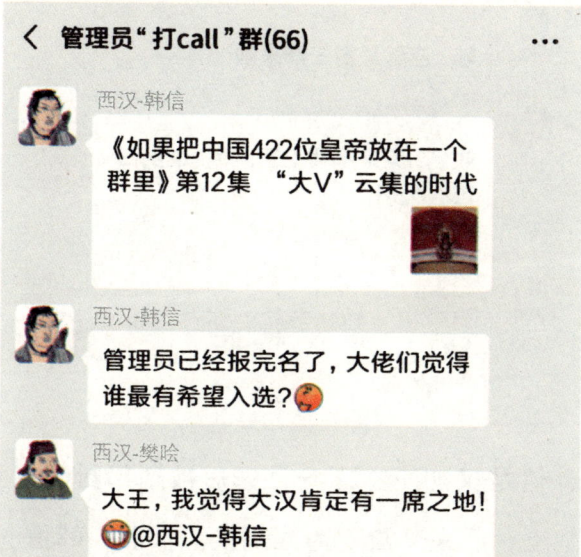

西汉-周勃
+1,我也这么觉得。

西汉-韩信
我问的是大佬,你们俩凑什么热闹?!
@西汉-樊哙 @西汉-周勃

西楚霸王-项羽
哈哈哈哈,楼上说话好狂啊,胯下之夫也敢自称大佬!👎

唐-李靖
哇,连西楚霸王都来啦!

西汉-韩信
哎哟,原来是项王啊,我说谁的口气那么大呢!

然而,樊哙和周勃却热脸贴了冷屁股……

涉及的知识点

◎ 韩信是汉初三杰之一,先后被刘邦封为齐王、楚王,后来又被贬为淮阴侯。然而,韩信一直羞于跟周勃、樊哙等同为列侯。

◎ 有一次韩信去樊哙家里，樊哙以接待王的礼仪跪拜迎送，言称臣，说："大王乃肯临臣（大王居然肯来臣的寒舍）！"韩信出门后，笑道："生乃与哙等为伍（我竟然与樊哙这样的人为伍）。"

由此可见，韩信内心的小骄傲，这便是"羞与哙伍"这个成语的来源。

鄙视链真是无处不在，就连西汉的开国元勋之间也存在鄙视链。

> **管理员"打call"群(66)**
>
> 明-徐达
> 哇，"兵仙"和"战神"居然同框了，手动截屏。😂😂
>
> 明-徐达
> 对了，历史上你们就交过一次手吧？
>
> 西汉-韩信
> 嗯呢，至于最后谁输谁赢，大家都知道的。

趣说中国史

西楚霸王-项羽
呵呵，几十万人打我10万人，也敢在此吹牛？

唐-秦叔宝
垓下之战，霸王的气场两米八。

唐-尉迟敬德
都说成王败寇，但西楚霸王却是永远的英雄。

西汉-韩信
韩信点兵，多多益善，几十万围你10万人，一般人还真围不了好吗？

明-徐达
冒昧问一下，两位大神要不要再打一次？
一直想看楚汉对决的现场版。

明-常遇春
想看+1，前排围观！

三国-张辽
想看+1，搬个小板凳！

涉及的知识点

◎韩信和项羽是秦末汉初最闪耀的两颗将星，

第13集 为老板"打call"的武将

韩信被称为"兵仙"和"神帅",项羽被称为"霸王"和"战神",然而两位大神就交过一次手,就是最后的垓下之战。

◎ 韩信隐忍的时候可以忍受胯下之辱,骄傲起来却羞于跟樊哙为伍。项羽一生经历七十余战,所当者破,所击者服,却在垓下一战输掉了全部。

◎ 楚汉相争的最后阶段,项羽的10万楚军被刘邦、韩信等约50万联军合围于垓下。最后,项羽不肯渡过江东,留下了乌江自刎的悲壮画面。

于是项羽果断回应韩信,结果认错人了……

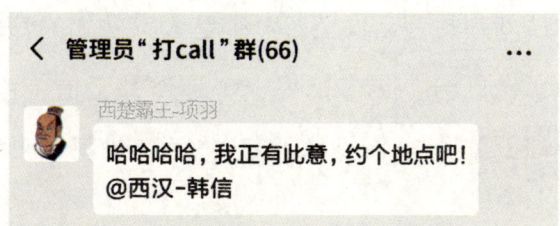

韩王信	西汉·韩信
	霸王，你是不是@错人了？我是另一个韩信。

	西楚霸王·项羽
	……

	西汉·樊哙
	楼上的是韩王信，投降匈奴的那个。

韩王信	西汉·韩信
	我也是迫不得已，为了混口饭吃。

霸王约架，吓得另一个韩信赶紧出来澄清自己的身份。

──────── 涉及的知识点 ────────

刘邦的手下有两个韩信（是的，完全同名），都曾被刘邦封为诸侯王。一个是大家熟知的韩信，为了做区分，史书把另一个称作韩王信（被封为韩王）。韩王信投降了匈奴，后来被汉军灭掉。

为免再度被认错，这位韩信赶紧把头像改成了韩王信。

第13集 为老板"打call"的武将

大家熟悉的淮阴侯韩信登场。

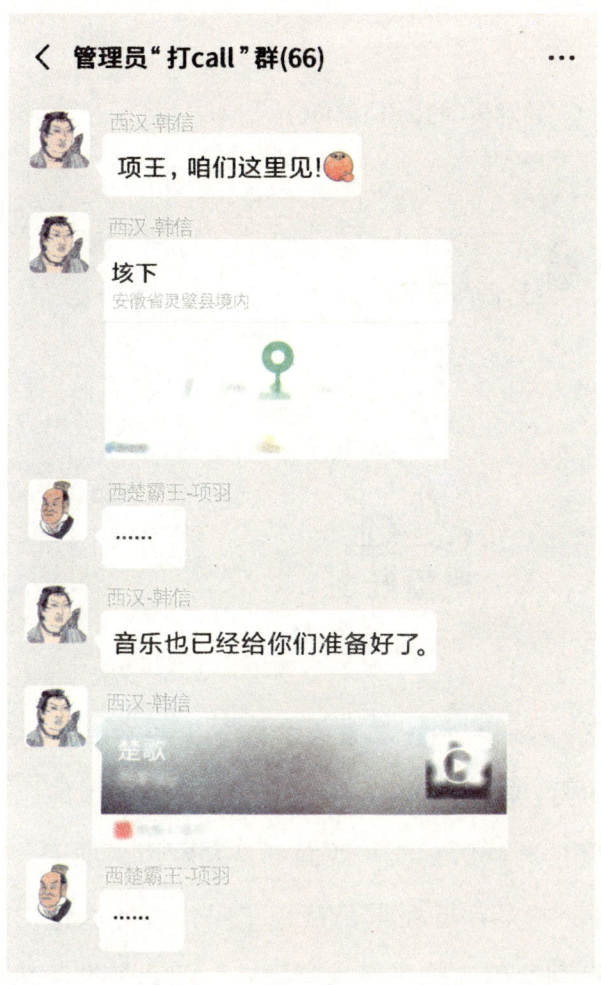

这时，群的四周飞出4个音乐播放器，原来是群里有神秘人发动了"四面楚歌"技能。

---- 涉及的知识点 ----

◎ 项羽被诸侯联军围困于垓下，兵少粮绝，夜晚的时候听到汉军四面都是楚歌声，项王大惊说："刘邦已经得到楚地了吗？为什么他的军队里会有这么多楚人唱歌？"四面楚歌让楚军军心涣散，也让项羽丧失了斗志。

第13集 为老板"打call"的武将

关于"四面楚歌"是谁的计策，历史上有一些争议，所以这里用神秘人代替。

大晚上的，群里一下出来4个播放器，放的又是几百年前的老歌，此举引起了唐朝人的不满。

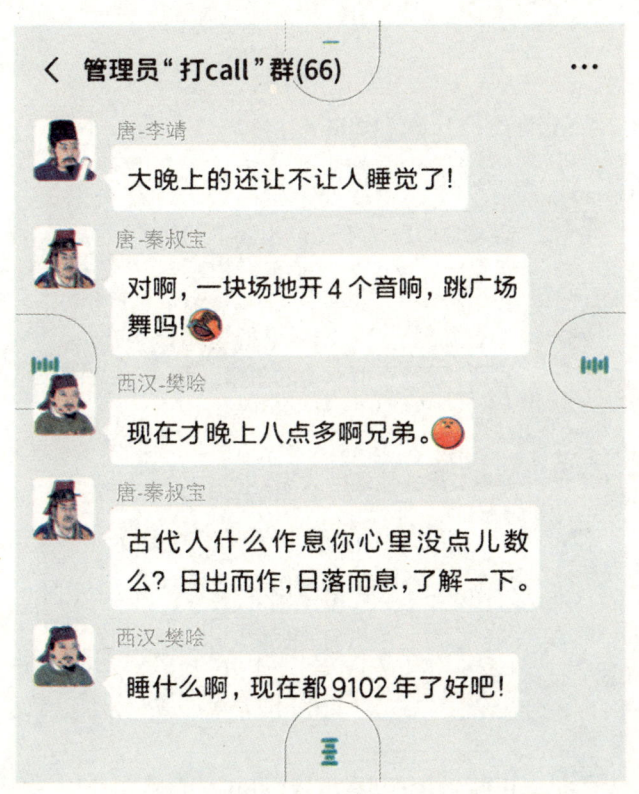

这就好比晚上你在房间休息，结果房间外面有4拨人在跳广场舞，音响声音都开到最大，放的是几十年前的老歌，就问你会不会抓狂。

姚广孝敏锐地察觉到汉唐有隙，感觉可以搞一搞事情。

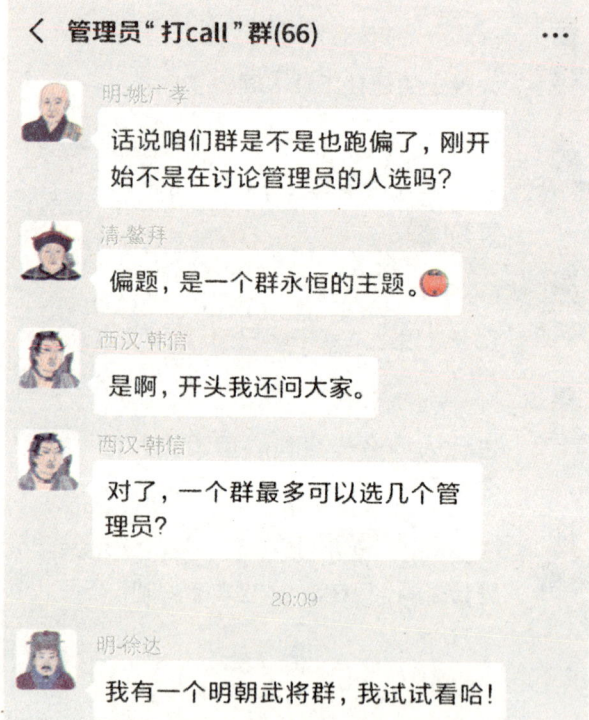

第13集 为老板"打call"的武将

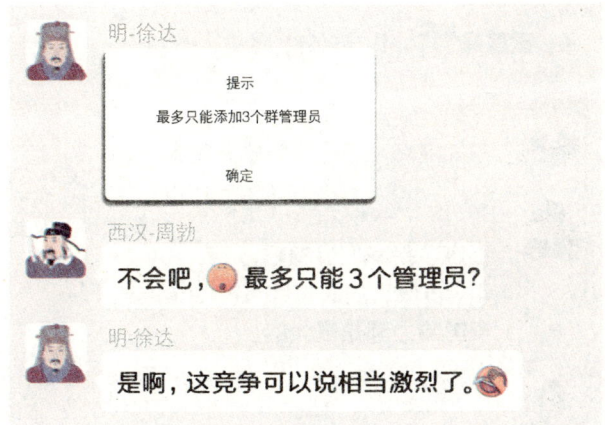

涉及的知识点

○ 姚广孝是僧人,也是著名的黑衣宰相,他在相对和平的年代强行推动历史进程,帮助朱棣成功取代了建文帝。

○ 微信群只能设置3个管理员(趣哥亲测)。

姚广孝继续穿针引线,引导汉唐起冲突。

管理员"打call"群(66)

 明-姚广孝
不知道哪一朝会成为最大赢家？

 西汉-卫青
那应该是我们汉朝吧，两汉400多年，占了历史时长的20%，论时长和影响力都是最大的。

 西汉-霍去病
舅舅说得对！👍
我们报名了5位，人数也是最多的。

 东汉-邓禹
而且5位都是帝中之秀，优秀！

 唐-李靖
呃……报名的17位都是帝中之秀好吗？🍊
我觉得想要位列管理员，要么文治武功排进前三，比如我朝太宗皇帝。要么有足够的差异化，比如唯一的女帝则天皇帝。

 唐-李勣
哈哈哈哈，老师说得太棒了，所以我大唐才应该是最大赢家。

第13集 为老板"打call"的武将

———— **涉及的知识点** ————

◎ 两汉加起来400多年,时长接近中国帝制时代的20%。

◎ 卫青和霍去病是汉武帝时的双子星,卫青是霍去病的舅舅,两人都是抗击匈奴的名将。

李靖是大唐的战神，也是唐军的教父。后辈弟子名将无数，优秀的学生就有李勣（也就是徐茂公）、苏定方、侯君集三人，苏定方又有再传弟子裴行俭，他们五个人都是名将中的佼佼者。

唐太宗曾让李靖教侯君集兵法，结果侯君集到唐太宗面前告了一状，说李靖将反，因为每次到精微之处，李靖就不往下教了。李靖却说："这是侯君集想要谋反。如今中原安定，我所教他的兵法，足以安制四夷。如今侯君集求学尽臣的兵法，是他将有异志啊。"后来，侯君集果然与太子李承乾谋反。

第13集 为老板"打call"的武将

< 管理员"打call"群(66) ···

西汉-周勃
呵呵,一个王朝居然让一个女人当政,你们还好意思让她当管理?

西汉-周亚夫
就是,老爹怼得好!👍

西汉-卫青
绛侯怼得好!👍

西汉-卫青
论文治武功,我姐夫也能排进前三!

唐-李勣
楼上的,你们朝不也有个吕后吗?

东汉-邓禹
说到文治,我们大汉有文景之治和光武中兴。

唐-苏定方
嘿嘿,我们大唐有家喻户晓的贞观之治和开元盛世。

西汉-霍去病
我们大汉名将如云,既有封狼居胥,又有燕然勒石,听说成为了后世武将的最高军功之一。🏆

东汉·窦宪

抱霍将军大腿，封狼居胥堪称武将届的奥斯卡。🏆

 明·徐达

北伐难，封狼居胥不易。

 西汉·卫青

嘿嘿，不知道有多少武将达成了这项成就。🎃

 唐·李靖

在下不才，打突厥的时候曾经过狼居胥山，还捉了突厥可汗到长安跳舞。💃

 明·常遇春

我老婆的弟弟也达成了这项成就。@蓝玉

 明·常遇春

噢，他好像没在群里。

 明·姚广孝

我朝永乐帝在打北元的时候，也曾在狼居胥山祭告天地。🙏

 唐·秦叔宝

还老婆的弟弟，直接说小舅子不就完了吗？😅

西汉-卫青
看来解锁这项成就的人不多呀,话说你小舅子为啥没入群?@明-常遇春

明-常遇春
这个,我朝入群当啦啦队的比较少,原因……不太方便说哈!

明朝武将很多,但因为被朱元璋伤害过(大杀功臣),所以入群当啦啦队的很少。

涉及的知识点

◎ 汉朝的吕后,唐朝的武则天,被并称吕武。

◎ 周勃是西汉开国功臣,被封绛侯,在吕后死后,和陈平等人一起铲除了吕后的势力。周亚夫是周勃的儿子,平定了汉景帝时期的七国之乱。

◎ 汉武帝刘彻和卫青两者互为姐夫(刘娶了卫的姐姐,卫也娶了刘的姐姐)。

◎西汉时，霍去病北击匈奴，在狼居胥山举行祭天封礼，然后继续追击匈奴，一直追到贝加尔湖才收兵。从此，封狼居胥成了历代兵家最高的人生追求之一。到了东汉，窦宪大败北匈奴，封燕然山，勒石记功，史称燕然勒石。从影响力来说，霍去病的封狼居胥比窦宪的燕然勒石要大很多。

◎后世2000多年中达成这项成就的人寥寥无几，有唐代的李靖、明代的蓝玉和朱棣。蓝玉后来被朱元璋所杀，蓝玉案是明初四大案之一。

◎南朝宋文帝刘义隆，因为辛弃疾的一首词，成为冲击封狼居胥最著名的失败者之一，里面有一句"元嘉草草，封狼居胥，赢得仓皇北顾"。

封狼居胥这个话题让霍去病很有面子。

第13集 为老板"打call"的武将

< 管理员"打call"群(66)

西汉-霍去病
哈哈哈哈，我汉的文治武功都是顶尖。身在大汉，与有荣焉!💀

唐-李靖

唐-李靖
我唐的文治武功也是顶尖好吗?🍊
"九天阊阖开宫殿，万国衣冠拜冕旒"，这盛唐气象你随意感受下。

西汉-周勃
可惜好景不长，一场安史之乱，就从巅峰跌到谷底……

西汉-周亚夫
首都长安还被人强占了好几回……

唐-郭子仪

唐-郭子仪
这正说明大唐的命硬好吧? 安史之乱后还能坚挺100多年……

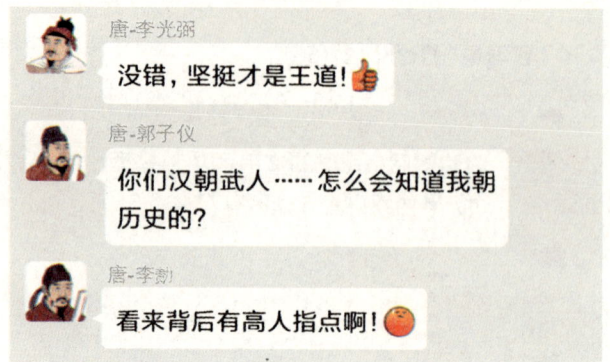

一般来说,大家对本朝历史有了解并不稀奇,但是汉朝武将对唐朝历史很熟悉,实在是有点儿出乎意料……

涉及的知识点

◎ "九天阊阖开宫殿,万国衣冠拜冕旒",是唐代王维的诗,描写了巅峰时期的盛唐气象。

◎ 安史之乱让大唐从巅峰跌到了谷底,安史之后的100多年,唐首都长安被攻陷过6次。

汉朝并没有理会唐朝人的疑问,继续嘲讽唐朝人自诩的生命力强硬。

管理员"打call"群(66)

东汉-邓禹
王莽篡汉之后,光武帝再度开国中兴大汉,这才是强大的生命力好吗?

东汉-吴汉
是的,而且汉朝大部分时间都很强大。即便是东汉末年分三国,烽火连天不休,🎵依然是完胜周边地区。

东汉-吴汉
不好意思,刚刚差点唱出来!

———— **涉及的知识点** ————

◎ 东汉末年虽然分了三国,但实力依旧可以完胜周边地区,比如曹操灭乌桓、诸葛亮南征。

一波互讽下来,汉朝貌似有点儿占了上风,姚广孝继续添油加醋。

管理员"打call"群(66)

明-姚广孝
厉害了,汉朝好像有点儿占上风哎。

西汉-霍去病
那是自然的,实力摆在这儿,想低调都没有办法。[摊手]

西汉-周勃
大汉牛气,与有荣焉!

西汉-周亚夫
大汉牛气,与有荣焉!

西汉-李广
大汉牛气,与有荣焉!

各位汉将有点儿飘了……

管理员"打call"群(66)

西汉-樊哙
哈哈哈哈,搞不好我们大汉能拿下俩名额啊。

西汉·霍去病
必须拥有两席,而且我姨父必在其列。💀

樊哙快人快语,霍去病年少不羁,无形之中把话说得太满,这下就有点儿得罪唐朝人了,也让其他朝代的人有点儿不快。

再加上前面被揭了安史之乱的伤疤,所以唐朝武将果断祭出大杀器。

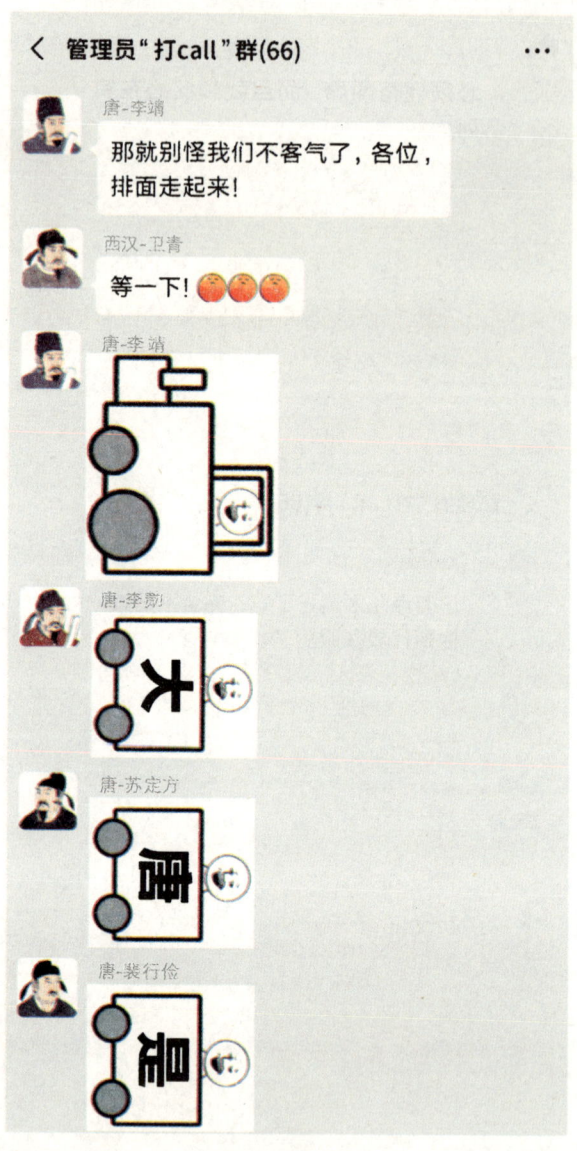

第13集 为老板"打call"的武将

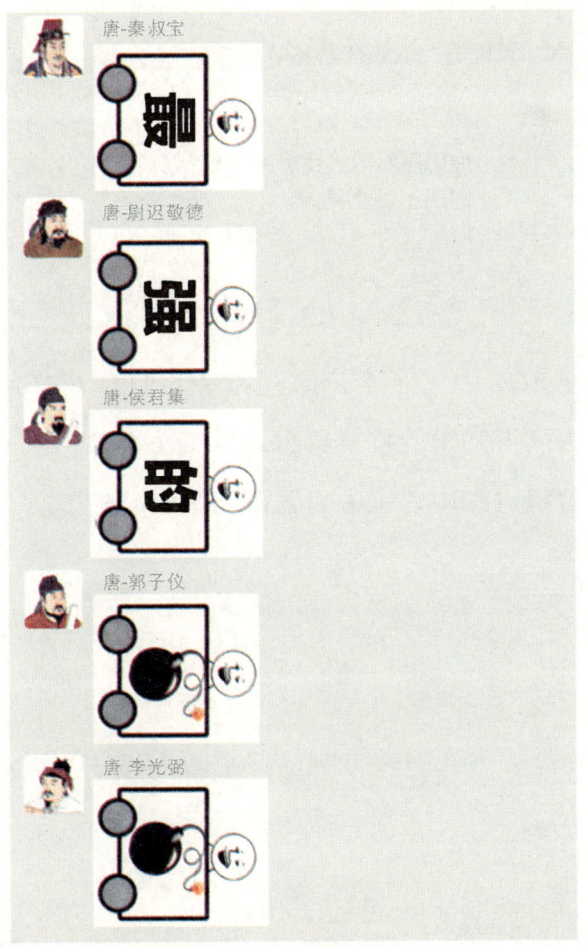

卫青性格比较稳重，本来想阻止，但是已经来不及了。

而唐朝，也踩了汉朝的雷……

> **< 管理员"打call"群(66)　　…**
>
> 西汉-霍去病
> 你们居然敢打我舅舅,我跟你们拼了!🔪🔪🔪

———— **涉及的知识点** ————

◎ 李敢曾因父亲李广之死把卫青打成重伤。霍去病得知李敢打了舅舅之后怀恨于心,在一次狩猎过程中,霍去病直接把李敢射杀了。

所以,看到舅舅被打,霍去病怒了,跨马提枪便杀向了唐人。

再加上姚广孝等人的煽风点火,武将群的一场旷世大战已是不可避免……

风云骤起,群内又豪杰云集,好好的啦啦队群变成了是非地……武将群和管理员竞选将走向何方,敬请期待下一集……

此篇内容,关注趣哥公众号可以欣赏动图效果。